Aprende a controlar tu ansiedad

Divulgación

Biografía

Chris Cortman es doctor en psicología. Se ha desempeñado como psicólogo autorizado durante 28 años. Es un conferencista muy solicitado y ha impartido más de 60 mil horas de psicoterapia. Ha dado consulta psicológica en cinco hospitales del área de Sarasota y Venice, en Florida, Estados Unidos. El doctor Cortman es coautor, con el doctor Shinitzky, de un programa juvenil de prevención y bienestar llamado *El cinturón social negro*.

Harold Shinitzky es doctor en psicología. Fue profesor de la Escuela de Medicina de la Universidad Johns Hopkins y se ha desempeñado como psicólogo autorizado durante más de 20 años. Se especializa en psicología del deporte y trabaja con atletas olímpicos y profesionales. Fue reconocido con el Premio de la Asociación Psicológica de Florida al Psicólogo Distinguido y el Premio a laContribución Sobresaliente a la Psicología. Es coautor, con el doctor Cortman, de *Your Mind: An Owner's Manual for a Better Life*.

Laurie-Ann O´Connor es doctora en educación. Tiene un posgrado en psicología clínica y de orientación así como un entrenamiento posdoctoral como especialista en traumas. Sus artículos han sido publicados en periódicos, medios especializados y revistas con arbitraje. La doctora O'Connor realizó sus estudios en Canadá y Estados Unidos, y actualmente reside en Venice, Florida, donde trabaja con el doctor Cortman.

Dr. Chris Cortman
Dr. Harold Shinitzky
Dr. Laurie Ann O'Connor

Aprende a controlar tu ansiedad

DIANA

Título original: *Take Control of Your Anxiety*

Esta edición es publicada por acuerdo con Red Wheel Weiser, LLC. a través de Yáñez, parte de International Editors' Co

Bajo el sello editorial BOOKET M.R.
Avenida Presidente Masarik núm. 111,
Piso 2, Polanco V Sección, Miguel Hidalgo
C.P. 11560, Ciudad de México
www.planetadelibros.com.mx

Traducción: María Teresa Solana O.

Diseño de portada: Rob Johonson / toprotype

Primera edición en formato epub: enero de 2022
ISBN: 978-607-07-3817-3

Primera edición impresa en México en Booket: septiembre de 2022
ISBN: 978-607-07-8766-9

Impreso en los talleres de Impresora Tauro, S.A. de C.V.,
Av. Año de Juárez 343, col. Granjas San Antonio, C.P. 09070, Ciudad de México Impreso y hecho en México – *Printed and made in Mexico*

Agradecimientos

Christopher

Quisiera dedicar este libro a mi adorable esposa Stephanie, quien en medio de una mastectomía y una agresiva quimioterapia y radiación, apoyó mis esfuerzos para escribirlo. Ni una sola vez se quejó de mis fines de semana en Barnes & Noble ni de mis juntas con mis dos coautores. Solo en una ocasión estuvo de acuerdo cuando sugerí que vendiéramos a nuestros tres pequeños hijos por eBay. Stephanie, eres una guerrera, un modelo a seguir y un ser humano muy competente. Me siento orgulloso de ti por todo lo que has hecho y estás haciendo. En consecuencia, te dedico este libro a ti y a cada mujer que esté luchando contra el terrible enemigo del cáncer de mama.

También quiero agradecer a Bruce W. por sus consejos y generosidad; a Lisa, la editora no oficial de Barnes & Noble; a Andrea por sus útiles comentarios y apoyo, y sobre todo a mis pacientes, quienes me han proporcionado más percepción y sabiduría que cualquier universidad o facultad. Gracias por confiarme sus vidas; espero que todos se beneficien de nuestro trabajo en este libro.

Por último, quisiera agradecer a mis hijos, Cameron, Melina y Dylan, que sacrificaron su tiempo con papi para que yo terminara este proyecto a tiempo. Niños, los amo más de lo que podrán comprender hasta que ustedes se conviertan en padres a su vez.

Harold

Quiero agradecer a mis supervisores y colegas de la Escuela de Medicina de la Universidad Johns Hopkins por alentarme a dar lo mejor de mí. Ellos pusieron el énfasis en que la medicación nunca es la intervención primaria. Que las intervenciones conductuales son siempre lo primero. Quiero agradecer a mi familia y a mis amigos, incluso cuando desaparecí para redactar el manuscrito. En particular, quiero agradecer a Teresa por su amor y por entender que las noches de los domingos eran para Chris y Los Ángeles, y por su honestidad para cuestionar intelectualmente conceptos que ayudaron a desarrollar puntos clave a lo largo del libro. Por último, quiero agradecer a mis padres por educarme en sus batallas y experiencias personales diarias con la ansiedad. El colaborar con ellos en la consecución de su objetivo hizo que mi trabajo fuera profesional y personalmente muy provechoso.

Laurie-Ann

Muchas gracias a Chris y Harold por la oportunidad de ser coautora de este libro. Fue a la vez un honor y un gusto unirme a ellos en este trabajo. Agradezco también al doctor Bob Boxley por su consejo y por años de orientación. Por último, gracias a todas las personas que han compartido conmigo sus historias, sus vidas y su dolor. Todas me han enseñado más de lo que imaginan.

Queremos agradecer a Laurie Kelly-Pye, Michael Pye, Adam Schwartz, y a las magníficas personas de Career Press por apreciar el valor de abordar el importante tema de la ansiedad.

Introducción

Debe haber cerca de 17,632 libros sobre la ansiedad. Entonces, ¿por qué otro? La revista *Time* declaró recientemente que la ansiedad tiene dos caras: «puede paralizarte o ayudarte a moverte más rápido. La nueva ciencia está revelando más sobre el aspecto positivo de la angustia».[1] Pero para el resto de nosotros, cuando la carrera consiste en llegar a la comida sin perder la calma, nuestro trabajo o la cabeza por el estrés con el que hacemos malabarismos, la ansiedad no es una amiga.

Los trastornos de ansiedad son el nuevo catarro común de la enfermedad mental, sustituyendo a la depresión como el trastorno emocional diagnosticado con más frecuencia. El mundo se mueve más rápido, es más complicado, más diverso y más competitivo que nunca antes. Es virtualmente imposible atravesar tus 80 o más años de vida sin experimentar en algún momento una

[1] Alice Park. «The Two Faces», 2011.

sobrecarga de síntomas de ansiedad, lo que me lleva al siguiente punto: este libro no es solo para el 18.1% de norteamericanos que sufre un trastorno de ansiedad. También es para el restante 81.9% de norteamericanos que experimenta síntomas subclínicos (normales) de ansiedad, como tú.[2]

Lo que intentamos concebir fue un libro que fuera completamente legible e informativo —entretenido y educativo, por así decirlo— para ayudarte a entender y a *aprender a controlar la ansiedad*. (Nótese la astuta inclusión del título del libro). Mi deseo es ayudarte a que después de que leas este libro, apliques sus principios, hagas los ejercicios y practiques nuevos estilos y técnicas de pensamiento, te conviertas en un individuo más informado, más saludable y con mayor desempeño. El cambio requiere de esfuerzo y tal vez tú necesites hacer algunos cambios.

Las historias y los ejemplos son reales y se incluyen para servir de ejemplos útiles de cómo los principios, las técnicas y las herramientas funcionan. Algunos te serán más útiles que otros. Tus resultados pueden variar; sin embargo, quiero que sepas que hay esperanza incluso para un «ansioso irremediable» como tú.

Emplearé la primera persona a lo largo del libro a pesar de la contribución de tres autores. (Si te gusta el estilo, dale el crédito al doctor Cortman. Si no, culpa a los doctores Shinitzky y O'Connor).

Otra cosa: en el libro no hablamos mucho de medicinas. ¿Por qué no? Como psicólogos te debemos la comprensión y el conocimiento de cien años de ciencia psicológica que puede ayudarte a *aprender a controlar la ansiedad* (ahí está otra vez). Por último, nos complace informarte que la investigación ha confirmado repetidamente que los mejores tratamientos para *todos* los trastornos de ansiedad son psicológicos y no psicotrópicos (medicación).

---

[2] R. Kessler, *et al.* «Epidemiology of anxiety disorders», pp. 21-35.

No me malinterpretes. No estoy en contra de la medicación y definitivamente no soy antipsiquiatra. Pero permíteme decir algo importante: si te estás medicando contra la ansiedad sin otro tipo de apoyo, *no estás* haciendo todo lo que puedes para resolver tu problema. Así que gracias por comprar mi libro. Y ahora ve y adquiere otro para tu médico.

1 Comprendiendo la ansiedad

Si el estrés quemara calorías,
sería una supermodelo.
Anónimo

La historia de Scott

Scott estaba ansioso, *realmente* ansioso. No había pegado el ojo durante tres noches, y de alguna manera todavía tenía energía para caminar de un lado a otro del cuarto y planear su propio funeral. No era un suicida; solo estaba imaginando los diversos métodos que su padre podría emplear para arreglar una reunión entre Scott y su creador tan pronto como Papá escuchara las noticias.

Y es que Scott era la primera persona en la historia de su familia en asistir a la universidad y, sin embargo, helo aquí tres años después en espera de una posible expulsión por una infracción embarazosa.

No había comido desde el incidente. No se le permitiría el acceso a la cafetería durante una semana después del espectáculo del último jueves. Además, a causa de la ansiedad no tenía hambre. Su aspecto era espantoso: tenía los ojos inyectados de sangre, unas arrugas prematuras cruzaban su frente y su mirada transmitía una emoción que oscilaba entre la tortura y el terror.

Todo empezó de la manera más inocente, cuando Henry, Gary y Scott disfrutaban sin prisas su comida en la cafetería de la escuela. Scott llamó a Henry «cerebro de chícharo» después de atrapar y devolver un insulto en broma de su amigo. «Cerebro de chícharo», se rio con sorna Henry mientras con toda calma llenaba su cuchara con chícharos de su plato. Esperó el momento oportuno, disparó los chícharos a través de la mesa hacia la cara de Scott. Su puntería fue perfecta y los chícharos rebotaron en la cabeza de Scott y en todas direcciones. Un chícharo solitario embarrado de puré de papas quedó adherido en los lentes de Scott justo frente a su pupila derecha. Todo el mundo rio, por supuesto, y Henry, sintiéndose victorioso después de su exitoso lanzamiento, preguntó: «Entonces, ¿quién es el cerebro de chícharo, Scott?».

No hace falta decir que Scott se sintió humillado. Debió haberse reído con los otros y dejar las cosas tal cual. Pero la sabiduría a los 21 años con frecuencia está contaminada por la testosterona, que clama venganza. Para no dejarse vencer, cargó su cuchara —su puré de papas estaba lleno de salsa— y la disparó tan fuerte como pudo contra la sonrisa de superioridad de Henry. Pero este, como era de esperar, se agachó, y el misil rebosante de puré voló a la mesa de junto y golpeó a Betty Evans, decana de los estudiantes, directamente en la parte trasera de su chongo tipo panal. La mandíbula de Scott se desencajó mientras su presión sanguínea se disparó: ¡eso no podía traer nada bueno!

Si Scott estaba apenado por su lanzamiento errado, la decana Evans estaba humillada por las risas y por los carbohidratos que pendían de su cabello y la salsa que mojaba su cuello. Y por qué a Gary, el tercer mosquetero, se le ocurrió quitar con la boca el puré del suéter de casimir rosa, es un misterio. Los chicos fueron convocados a su oficina al día siguiente: «¡A las 0900 horas! ¡Y no habrá permiso para entrar a la cafetería durante una semana!».

Salió atropelladamente de una cafetería ahora silenciosa y asombrada, dejando a los jóvenes preguntándose qué sería de su futuro en esa institución conservadora.

Nunca es bueno atacar a una decana. Y puede decirse que es peor todavía humillarla públicamente. Y cuando ella exigió a gritos una reunión privada con un horario militar en una escuela no militarizada, entonces los chicos supieron que su suerte estaba echada. Pero la mañana siguiente produjo tres angustiados jóvenes y ni rastro de la decana Evans. La nota adherida en su puerta solo decía: «Caballeros, hubo un deceso en mi familia. Nos vemos aquí el miércoles a las 6 de la tarde. ¡*No* lleguen tarde!».

El miércoles por la tarde fue la decana Evans quien llegó tarde, 17 minutos para ser exactos. Tenía el aire severo, no sonrió, y dijo escuetamente: «Síganme». Los chicos la siguieron en fila, como patitos tras su apresurada madre, y salieron por una puerta lateral a la fría y oscura tarde de noviembre. A las 6:30 llegaron a una casa cercana, la casa de la decana Evans, para la mayor sorpresa de su vida. Un pequeño banquete estaba dispuesto para ellos, que incluía rosbif, panecillos y, por supuesto, chícharos, ¡pero con papas al horno! «No creo que quieras lanzar estos, Scott, están cargados con crema agria y mantequilla, no son instantáneos, como esa basura de la cafetería», admitió la recién enviudada decana Evans. «Todas las noches me he sentido culpable por tener a estos tres idiotas hambrientos, por lo que esto es lo menos que podía hacer por ustedes. ¡Ahora coman y aprendan una lección de vida!».

Años después, Scott narra esta experiencia como parte de las innumerables lecciones de vida que aprendió y compartió por el resto de su existencia: «Primero, debía haber una fuerza que salvara a la gente de las consecuencias de sus decisiones estúpidas. En segundo lugar, el perdón está vivo y bien y es más poderoso que cualquier cosa en el universo, con excepción del amor. Por último, la preocupación, el miedo y la ansiedad son un despilfarro de energía emocional autogenerado. He aprendido a reemplazarlos con esperanza, fe y pensamiento positivo».

Y después añadió otra perla de sabiduría: siempre escoge lo que está horneado por sobre lo que se cocina al momento.

¿Alguna vez te has preguntado qué ocurre realmente tras las puertas del consultorio de un psicoanalista? ¿Alguna vez has pensado que puedes verte reflejado en los asuntos que los pacientes están contando?

A menos de que mantengas la obsoleta creencia de que los profesionales de la salud mental tratan a gente «loca», permíteme compartir algunos aspectos importantes de un típico día de un psicólogo clínico.

- Una mujer de sesenta años ha estado casada durante 32 años con un profesionista excesivamente controlador. Cada vez que su esposo la llama a la sala para «discutir» el estado de cuenta de la tarjeta de crédito del mes anterior, la invade la ansiedad. Le gustaría cambiar todo ese control pero la aterra agitar las aguas.
- Una mujer de 80 años, madre de cuatro hijos, inicia su primera visita con la siguiente queja: «Mi hijo Greg se suicidó hace dos años. Pensé que estaria bien… pero la verdad es que no puedo dejar de obsesionarme con ello y por las noches no puedo pegar un ojo».
- Un niño de ocho años escucha ruidos afuera de la ventana de su recámara y teme dormir solo. Durante el día admite sin problema que el ruido proviene de las ramas del

árbol que arañan el cristal. Sin embargo, todas las noches entra en pánico.

- Un hombre de 47 años, que me fue referido por su médico por una subida importante en la presión, se queja de que su vida como asesor financiero se ha convertido en algo abrumador debido a la desaceleración económica. Vive temiendo decepcionar y perder a sus clientes y su trabajo.
- Un muchacho de 14 años se rehúsa a volver a la escuela. Durante mucho tiempo fue víctima de dos de los bravucones más notorios de la secundaria, y se siente ridiculizado y avergonzado y jura que no «volverá a asomar la cara en ese salón».
- Un atleta profesional de 30 años evita volar porque teme que el avión se caiga. En vez de ello toma el autobús o el tren para asistir a sus juegos y se siente avergonzado cuando sus compañeros de equipo se burlan de él.
- Una chica de 13 años entra en pánico solo de pensar en volver a subirse a la camioneta de su madre después de que una semana antes recibió un golpe de su lado.
- Un hombre de 41 años, víctima de abuso sexual en su niñez, bebe hasta perderse todas la noches en un esfuerzo por alejar los recuerdo recurrentes de su abuso. Le gustaría dejar de beber si tan solo pudiera «alejar esos recuerdos».

Este es un día clínico entre muchos a lo largo del año. ¿Y qué es lo que estos pacientes tienen en común? Cada uno de ellos manifiesta síntomas de trastorno de ansiedad, condición que muchos profesionales de la salud mental están diagnosticando y tratando cada vez con mayor frecuencia. De hecho, los trastornos de ansiedad actualmente se consideran como el catarro común de los trastornos mentales, y sustituyen a los trastornos del estado de ánimo (depresión) como los más prevalentes.

En un estudio en 26,000 sujetos en 14 países se encontró que la discapacidad física estaba más estrechamente asociada a factores psicológicos que a factores médicos.[3]

Entonces, ¿por qué las personas sucumben ante los trastornos de ansiedad? ¿Nacen con ellos? ¿Son el resultado de una crianza deficiente? ¿De una experiencia traumática? Un trastorno de ansiedad, ¿es una sentencia de por vida o puede tratarse? ¿Requieren tratamiento con tranquilizantes u otro tipo de medicación? Dejaré de bombardearlos con preguntas y prometo examinarlas páginas más adelante. Pero por el momento volvamos nuestra atención a entender la ansiedad.

¿Qué es la ansiedad?

El principal significado de la palabra *ansiedad* es «irritar o preocupar». La ansiedad es un estado psicológico y fisiológico (mente y cuerpo) asociado a sentimientos de miedo, preocupación, incomodidad, temor o nerviosismo. A pesar de que cierto grado de ansiedad forma parte natural de la vida, cuando ocurre con mucha frecuencia, es severa o inmanejable, la ansiedad puede clasificarse como un trastorno.

Inversión + Amenaza = Ansiedad

La ansiedad surge en el cerebro cuando se percibe una amenaza a nuestro mundo. La amenaza puede ser a la vida, como un huracán, una violación o un atraco, pero con mayor frecuencia la ansiedad es generada por amenazas de naturaleza no fatal, tales como una inminente pérdida del empleo, la ruptura de una relación o una cita en el juzgado. Si cualquiera de estas situaciones se

---

[3] J. Ormel, *et al.* «Common mental disorders», pp. 1741-1748.

percibe como una amenaza, tiene el poder de generar síntomas de ansiedad tan intensos como si la vida corriera peligro. Como veremos en el Capítulo 3, a veces la ansiedad no es más que una vaga sensación de temor respecto a los aspectos desconocidos del camino que tenemos enfrente. La ansiedad siempre es por el futuro y, reitero, siempre envía una mensaje de amenaza.

Existe un segundo componente para el surgimiento del sentimiento de ansiedad: la inversión. La ansiedad nunca surge sin la inversión, es decir, preocuparse por algo o por alguien. Si el trabajo no importa gran cosa porque existen otras alternativas, espera poca o ninguna ansiedad ante la posibilidad de perderlo. Sin embargo, si la escuela representa todo para ti, entonces cada examen puede tener el poder de desencadenar una vorágine de nervios y aprensión. Como escribí en el primer capítulo de *Your Mind: An Owner's Manual for a Better Life* (Tu mente: manual del usuario para una vida mejor), Inversión + Amenaza = Ansiedad.

Ninguna situación o persona provoca estrés o ansiedad. Lo que es estresante para ti puede no causar estrés en nadie más. Tu emoción de ansiedad es una afirmación sobre ti; perder el empleo puede ser devastador para un individuo pero liberador para otro.

Por ejemplo, a mí nunca me importó el equipo de beisbol local Babe Ruth hasta que mi sobrino jugó en él. El mercado bursátil nunca existió para mí hasta que invertí mis primeros mil dólares al salir de la universidad. El costo de la educación preescolar me era totalmente irrelevante y sin consecuencias hasta que mi primer bebé creció. Los comerciales de *Grecian Formula* me resultaban de poco interés hasta que las canas invadieron mis sienes. Sin inversión no habría ansiedad, y sin la percepción de amenaza a esa inversión no habría ansiedad. Piensa en ello. Cada situación que genera ansiedad en tu vida —la percepción de tu jefe sobre tu proyecto, el recital de piano de tu nieta, la biopsia de tu esposa—, lo hace solamente porque has invertido en el resultado.

¿Por qué es tan importante entender esto? Si la ansiedad se puede rastrear hasta tus inversiones y amenazas, puedes aprender a pensar y a responder de manera diferente ante cada situación y relación que ocasione ansiedad en tu vida. El potencial de las situaciones para generar ansiedad es interminable: pruebas para entrar al equipo de porristas, un médico con un brazalete para medir la presión, la visita nocturna a la cocina de una cucaracha, las luces de una torreta de policía en el espejo retrovisor, noticias sobre cáncer de mama, el reporte sobre una ominosa tormenta en el canal del tiempo, y así sucesivamente. ¿Qué tienen en común estas situaciones? Cada una puede representar una amenaza potencial a ciertos aspectos de tu vida, y si la situación es importante para ti (inversión) y la percibes como un peligro inminente (amenaza), experimentarás síntomas de ansiedad.

De acuerdo con los Asociados de Medicina Conductual de Atlanta y Alpharetta, Georgia, los síntomas de ansiedad incluyen sentimientos de muerte inminente, que se está perdiendo la cabeza o se está a punto del desmayo o del colapso, se está sufriendo una convulsión o se está a punto de morir de un ataque cardiaco o una apoplejía. Los síntomas físicos comprenden fuertes latidos del corazón, venas o arterias saltadas, especialmente en la cabeza o el cuello, dificultad para respirar, hiperventilación, temblores, sudoración, debilidad general del cuerpo y mareo. Sin embargo, otros síntomas de ansiedad incluyen parestesia (sensación de cosquilleo en las extremidades), ahogo y tensión y/o dolor en el pecho.[4]

[4] «Anxiety Disorders». *www.bmawellness.com/psychiatry/anxiety_disorders.html*

Pero si se modifica cualquier parte de la ecuación —la inversión o la amenaza—, el panorama completo cambia de inmediato. Volvamos a examinar los ejemplos anteriores, pero esta vez modificaremos un aspecto de cada situación. Tu mejor amiga te dice que está segura de que tu prueba le agradó al entrenador y seguramente entrarás al equipo. El médico te dice que tu presión arterial está perfecta para tu edad por lo que no hay ningún problema. Tu marido dice: «¡Vuelve a la recámara! ¡Esa cucaracha es mía!». Al hacerte a un lado el coche de policía prosigue su tenaz persecución de otro conductor. Te enteras de que la tasa de supervivencia por cáncer de mama es alta y que tu pronóstico es mucho mejor que el que habías anticipado. Tu esposa te recuerda que en caso de una tormenta tu familia está invitada a quedarse con amigos que viven en un lugar más seguro, y que todo lo demás en último caso solo son «cosas».

Si revisas los ejemplos, una vez más notarás que la ansiedad se redujo al eliminar o rebajar la percepción de amenaza en cada situación, excepto en la última. En la última situación hipotética la percepción de la amenaza se mantuvo —el clima continúa siendo ominoso— pero la inversión cambió cuando se decidió que la casa y lo que ella contiene equivalen a «cosas», y son, por lo tanto, reemplazables.

Entender la fórmula *inversión + amenaza* es esencial para que la persona ansiosa crónica reconstruya completamente los patrones de pensamiento que tienden rutinariamente a crear ansiedad. En realidad, esta fórmula ofrece al individuo por lo menos dos sitios para intervenir; ya sea transformando la percepción de amenaza («Qué es lo peor que puede suceder si no formo parte del equipo de animadoras?»), o reduciendo el valor subjetivo de la inversión («Ey, es solo dinero y todos sabemos que va y viene»). Una vez más, cambiar cualquiera de las dos es modificar la experiencia misma de la ansiedad.

¿Captas la idea? Un cambio inmediato en tu percepción puede conllevar un cambio inmediato en tus sentimientos. ¿Cuántas veces te asustaste al escuchar ruidos en tu casa que estabas seguro eran provocados por un intruso sediento de sangre, solo para caer en la cuenta de que el gato había golpeado una lámpara? En fracciones de segundo la mente reevalúa la situación —lo peligroso se vuelve benigno— y los síntomas de ansiedad rechinan al detenerse de inmediato. Nunca existieron un peligro o una amenaza reales, pero eso no importó. Tú percibiste una amenaza (un intruso) a una inversión (tu vida) y la respuesta fue la ansiedad; ¿no es este siempre el caso de la ansiedad? Recuerda: la ansiedad nunca es la realidad pero está creada por tu percepción de la realidad. El doctor Richard Carlson, psicólogo y autor de *Don't Sweat the Small Stuff* (No se preocupe por las cosas pequeñas), ofrece dos reglas básicas para manejar el estrés (la ansiedad): 1) No se preocupe por las cosas pequeñas. 2) Todo son cosas pequeñas.[5]

Indicadores de alerta

Permíteme mencionar algo importante al inicio de este libro. La ansiedad, al igual que todas las emociones/sentimientos, empieza como nuestra amiga. Ya sea que creas en un orden divino, en la evolución a partir de una sopa primigenia o en una combinación de ambos, la ansiedad está diseñada para alertarnos sobre potenciales peligros en nuestro medio ambiente. La siguiente comparación ilustrará este punto. El tablero de instrumentos de tu auto probablemente tiene una variedad de «indicadores de alerta» que señalan si hay problemas con el combustible, el aceite, la presión de las llantas, el líquido del limpiaparabrisas, etcétera. Se les llama

---

[5] R. Carlson, *Don't Sweat the Small Stuff... and It's All Small Stuff.* New York, Hyperion, 1997.

así a dichas luces porque supuestamente las personas listas cuidan estas importantes funciones de su automóvil. Por ejemplo, cuando la señal de aceite se enciende te está alertando sobre un peligro potencial de mal funcionamiento del motor en alguna parte de tu camino. El mensaje es el siguiente: «Oye, a tu auto le hace falta aceite; por favor actúa en consecuencia».

¿Y cómo respondes? ¿Lo ignoras y prosigues tu camino? ¿Sacas un martillo de la guantera y haces añicos el indicador? Probablemente no porque eres lo suficientemente listo para darte cuenta de que el indicador de alerta es tu amigo. Te puede ayudar a salvar la vida de tu auto, siempre y cuando respondas en forma adecuada.

Volvamos a la ansiedad. El indicador de alerta de tu cuerpo está en marcha y te transmite un mensaje: tu inversión está siendo amenazada; por favor actúa en consecuencia. El indicador de alerta de Scott se encendió ante la amenaza de expulsión de la universidad. ¿Qué haces cuando tu indicador de alerta se ilumina? ¿Ignoras el mensaje y sigues adelante? ¿Destrozas el indicador de alerta bebiendo alcohol o tomando un tranquilizante? ¿O prestas atención a la ansiedad y tratas de comprender qué representa en tu vida la inversión y qué representa la amenaza?

Este es el enfoque que emplearemos en las páginas siguientes: aprender a entender tu ansiedad para que puedas responder a ella de la manera más apropiada de acuerdo con tus indicadores de alerta internos. Por ahora veamos qué ocurre en el cerebro para darle la señal a tu indicador de alerta de la ansiedad.

Tu cerebro

Entender el funcionamiento exacto del cerebro cuando procesa la ansiedad —o cualquier emoción— requiere del entrenamiento específico y avanzado de un neurocientífico. Incluso en ese caso, aún quedarían preguntas por responder. Pero este es un libro de autoayuda, así que deseo que los conceptos sean simples, si bien no simplistas, accesibles y útiles.

Tomemos prestada una explicación del Instituto Nacional de Salud Mental sobre cómo trabaja la ansiedad en nuestro cerebro. Cuando percibes un peligro en tu medio ambiente (la amenaza), hay dos «juegos de señales» que son lanzados de inmediato a diferentes partes del cerebro. El primer juego transmite información al córtex cerebral, la parte pensante del cerebro. Aquí la situación es analizada y explicada al yo como peligrosa, amenazante o incluso catastrófica.

El segundo juego de señales enfila directamente hacia la amígdala, la sede emocional del cerebro. Aquí, se detona la respuesta de miedo o ansiedad por la acción inmediata (lucha o huida), a menudo antes de que el córtex cerebral comprenda exactamente de qué amenaza se trata. Por ejemplo, la amígdala enciende la respuesta de estrés o ansiedad a los primeros destellos de luz en el espejo retrovisor, antes de que el córtex cerebral pueda interpretar correctamente si las luces pertenecen a una grúa y no a un oficial de policía que nos va a levantar una multa.

La amígdala, al enviar la señal de pelear o huir al sistema nervioso, enciende el sistema nervioso simpático, que induce al corazón a aumentar el volumen de sangre que bombea, desviando la sangre de los sistemas digestivo y sexual/reproductivo a favor de los grupos mayores de músculos para preparar la lucha o la huida. De la misma manera, las hormonas del estrés, como la adrenalina y el cortisol, se liberan en gran volumen para darle energía al cuerpo para combatir la amenaza que se percibe. Al mismo tiempo, esta respuesta de miedo/ansiedad/estrés se graba en la amígdala como una medida protectora para futuros episodios. En otras palabras, a menos de que algo cambie en el cerebro, las luces parpadeantes en el espejo retrovisor estarán programadas para provocar ansiedad (respuesta al estrés) cada vez que el cerebro las perciba. Por consiguiente, estás en guerra con tu propio cerebro (la Guerra Civil original) cuando intentas revertir el patrón en el cual la ansiedad se ha convertido en la respuesta habitual a las situaciones de la vida diaria —manejar, comprar víveres, tener citas o jugar una competencia de raquetbol—. ¿Cómo le ganas esa batalla a tu cerebro?

Joshua es un estudiante de primer año de preparatoria de 14 años con una rara enfermedad gastrointestinal. Los síntomas de su trastorno no son tanto dolores abdominales, gases o diarrea. No. Su coco principal es un sorpresivo ataque de náuseas que con frecuencia culmina en un vómito explosivo. Como pueden imaginar, Joshua preferiría ser electrocutado por un rayo que vaciar sus intenstinos enfrente de sus compañeros de 14 años.

El argumento que convenció a Josh para buscar ayuda fue este: cada día vivía con el absoluto pavor de que ese pudiera ser aquel en el que devolviera todo como una verde fuente de vómito. La escena imaginaria de Josh se volvía más catastrófica por la convicción de que eso lo convertiría en el hazmerreír de toda la preparatoria.

Las emociones, incluyendo la ansiedad, no son una consecuencia de la realidad sino de nuestras percepciones. A Josh nunca le ha ocurrido algo terrible en la escuela, pero no hacía falta que le pasara. En tanto lo imaginara, la escena era real y él se volvía un caos de ansiedad.

La oportunidad de trabajar con Josh dio pie a un olvidado episodio en el cual yo vomité huevos revueltos encima de mi cuaderno de ejercicios de historia de segundo grado (creo que prefería las matemáticas) y sobre todo/todos a mi alrededor. Le platiqué esta anécdota a Josh no tanto para provocarle repugnancia sino para hacerlo sonreír, para entender su predicamento y, lo más importante, asegurarle que yo sobreviví a esa dura experiencia tan bien que ahora estaba calificado para aconsejar a otros pequeños vomitadores.

Más aún, le expliqué que la ansiedad realmente se trataba de inversión + amenaza; que de hecho significaba que había un peligro inminente en cualquier parte. ¿De verdad? ¿Exactamente dónde estaba el peligro?

Pues bien, Josh se unió a la banda escolar y desapareció de mis archivos después de solo tres consultas, pero regresó después de un intervalo de tres meses. Le pregunté por su salud, sus calificaciones y, por supuesto, por su ansiedad. Josh agitó la cabeza, se alzó de hombros y me explicó que ya no se preocupaba por eso. Ya no era un problema.

—¿Qué ocurrió? —Tenía que saber.

—Sabe, lo que usted me dijo: «¿Dónde está el peligro?». En realidad no hay ninguno.

Comparto la historia de Josh orgullosamente con su permiso y una mención especial de aprecio a mi maestro de segundo grado (cuyo nombre olvidé) por no haberme humillado.

Debemos aprender que la ansiedad es una experiencia emocional normal y que nuestros cuerpos están equipados para manejar el estrés como un proceso natural. Con frecuencia, los medios de comunicación nos dicen que se supone que nunca debemos sentir cualquier malestar. En el momento en que nuestros «indicadores de alerta» se encienden se nos dice que podemos aliviar nuestro estrés tomando una pastilla, bebiendo, reaccionando o por cualquier otro medio improductivo. A lo largo de estas páginas haré énfasis en la importancia de abordar la ansiedad en lugar de evitarla involucrándonos en comportamientos contraproducentes. Quédate conmigo mientras exploramos la ansiedad «normal».

Destructor de la ansiedad
¿Abrumadora o manejable?

Actualmente es rara la persona que va a ver a un psicólogo y que no está «abrumada» por algo. Es precisamente esta percepción la que con mayor frecuencia provoca que alguien tome el teléfono e inicie la primera cita.

Tomemos el ejemplo de Ruth, de 67 años, madre de dos mujeres adultas sanas y muy funcionales. Conocí a Ruth en el hospital al que había sido remitida por depresión y ansiedad, condiciones que padecía junto con su principal afección de neumonía y enfermedad pulmonar obstructiva crónica (EPOC). En medio de sus terribles accesos de tos, Ruth reveló que no sabía si tenía los recursos para sobrevivir a la enfermedad y que probablemente tampoco lo merecía de todas formas. Ruth estaba suficientemente enferma para necesitar apoyo familiar pero lo suficientemente bien para considerar que «probablemente mis hijas no tendrían el tiempo o la disposición de hacerse cargo de mí».

Verán, el exmarido de Ruth, el padre de sus dos hijas, era un alcohólico furioso en todos los sentidos del término. Se enfurecía y bebía, y cuando bebía se enfurecía todavía más. Ruth sabía que las chicas, a las que nunca había golpeado, sufrían intensamente en la forma de un trauma secundario al ver a su papá gritarle a su mamá. No fue sino hasta después de que le rompió el alvéolo bajo su ojo izquierdo con el puño que Ruth lo abandonó para siempre.

Pero en la mente de Ruth el daño ya estaba hecho. Ahora, acostada sin nada más que tiempo para contemplar su pasado y su presente, se imaginaba que sus hijas le ofrecerían poca ayuda. Después de todo ella era culpable de haberlas expuesto a una «niñez terrible». ¿Realistamente qué podía esperar de ellas ahora? Y fue entonces cuando Ruth reveló lo agobiada que se sentía.

En mi considerable experiencia con pacientes que están supuestamente agobiados, observamos una verdad muy importante: agobiado es una percepción, no un hecho. Nuestro objetivo, entonces, es ayudar a la persona a encontrar una manera para estar manejable o simplemente «afligida». Si la ansiedad es manejable, la persona puede funcionar; si está abrumada, la persona se colapsará.

Considérese la siguiente analogía: un hombre puede cargar tres cajas todo el día sin ningún problema. Un día, su jefe añade dos cajas extras a su carga. El hombre empieza a temblar hasta que por fin tira todas las cajas y su contenido sale volando por todas partes. Si podemos ayudar a este hombre quitándole solo las dos cajas de hasta arriba, se vuelve funcional otra vez. Se evitó un desastre. Va del agobio al control.

Volvamos a Ruth. Todo lo que ella necesitaba era a alguien que entendiera su apuro (incluyendo el miedo al resentimiento de sus hijas y su potencial represalia hacia ella) y que le ofreciera un consejo sabio. «Llame a cada una de sus hijas y dígales que usted las ha amparado durante muchos años. Discúlpese por lo que teme haber y no haber hecho. Hágales saber lo que usted necesita».

Ruth eligió confiar en mí. Tal vez no tuviera nada más que perder. Como era de esperar, sus hijas le aseguraron que no solo no la culpaban, sino que consideraban que ella era la causa de que estuvieran haciendo un buen trabajo como adultas. Querían emular su valor. Estaban felices de ayudarla ahora que ella lo necesitaba.

Se quitaron las cajas de hasta arriba; Ruth ya no se sentía agobiada. Con el tiempo y una buena atención médica pudo curarse de la neumonía y volver a funcionar.

¿Qué se necesitaría para convertir tu agobio en algo manejable?

Ejercicio 1 | Percepción *vs.* Realidad

En los espacios en blanco describe tres situaciones en las que te preocupaste innecesariamente solo para darte cuenta de que el resultado distaba de lo trágico. En retrospectiva, ¿cuál fue tu miedo más grande (rechazo, dolor físico, perder tu hogar, humillación social, reprobación)? Trata de desenmascarar el miedo que se presenta con más frecuencia en tu vida. ¿Dónde se pudo haber originado ese miedo? ¿De qué manera lo puedes replantear ahora que ha perdido su poder para generar tanta ansiedad?

Ejemplo 1

....

....

....

....

Ejemplo 2

....

....

....

....

Ejemplo 3

....

....

....

....

Ejercicio 2 | INVERSIÓN Y AMENAZA

Describe tus inversiones y amenazas en los últimos cinco episodios de ansiedad que recuerdes.

	INVERSIÓN	AMENAZA
1.		
2.		
3.		
4.		
5.		

Ejercicio 3

Tal como se explicó en el Capítulo 1, si nuestra ansiedad enciende fuegos, una de nuestras alternativas es destrozar el indicador de alerta, es decir, hacer algo para reducir la ansiedad que no tiene un valor de solución a largo plazo (beber alcohol, fumar drogas o nicotina, esnifar cocaína, dar puñetazos a las paredes, agredir a las personas o los objetos, etcétera). Ahora piensa en lo que desearías hacer para enfrentar algunos de estos comportamientos autodestructivos.

....

....

....

....

....

....

....

....

....

....

....

Ejercicio 4

Pregúntate cuánta amenaza a tu vida representaron los eventos o la situación en una escala del 1 al 10, en donde 1 significa no mucho y 10 representa el extremo. Después pregúntate cómo reaccionaste ante tal situación en una escala del 1 al 10, en la que 1 representa relajado y 10 el extremo. Tu objetivo es trabajar para disminuir tu reacción, lo que te ayudará a mantener tu vida en perspectiva.

SITUACIÓN

....

¿Cuánto amenazó mi vida esa situación?

....

¿Cómo reaccioné?

....

¿Qué lección aprendí?

....

Ejercicio 4 (Cont.)

SITUACIÓN

¿Cuánto amenazó mi vida esa situación?

¿Cómo reaccioné?

¿Qué lección aprendí?

SITUACIÓN

¿Cuánto amenazó mi vida esa situación?

¿Cómo reaccioné?

¿Qué lección aprendí?

2 La ansiedad normal

La ansiedad es normal y la experimenta todo organismo vivo, incluso la babosa de mar.
Dr. Neil A. Rector, PhD[6]

Lo que el doctor Neil Rector no menciona en la cita anterior es que la típica babosa de mar es una candidata muy mediocre para la psicoterapia debido a un vocabulario más bien limitado; además, la mayoría no tiene seguro.

Rick es un ingeniero civil de 55 años con una carrera extraordinariamente estable de 30 años. Pero a raíz de la reciente recesión de la economía local, el administrador municipal tuvo que aceptar dejar ir a Rich junto con su salario de seis dígitos. Un desesperado Rick buscó empleos de ingeniería civil en todo el estado hasta que encontró uno. A pesar de que le pagaban 20% menos que en su trabajo anterior e incluía un trayecto de dos horas desde su casa, se sintió aliviado de haber encontrado

[6] Psiquiatra e investigador del Instituto Sunnybrook de Investigación, director del Programa de Investigación y Tratamiento del Estado de Ánimo y la Ansiedad, y director de investigación en el Departamento de Psiquiatría del Centro Sunnybrook para las Ciencias de la Salud.

trabajo. Aceptó el puesto y alquiló un pequeño departamento para la semana, dejando a su esposa sola en casa hasta su regreso los viernes por la noche. Los lunes por la mañana se levantaba, manejaba dos horas para llegar a su trabajo y mentalmente se preparaba para otra semana sin su esposa. El recorte salarial, la fatiga y la soledad, todo contribuyó a una febril búsqueda de trabajo en una zona cercana a su casa.

Un día, Norma, la esposa de Rick, encontró un puesto abierto en ingeniería civil en los alrededores. Para su felicidad, esa noche le dio a Rick la noticia y además le dijo muy entusiasmada que el nuevo puesto opacaba el salario de su trabajo original en el municipio. Agregó que el dinero adicional podía servir para saldar las deudas que habían contraído por el nuevo departamento.

Pero Rick nunca hizo una solicitud para el empleo. No era que se hubiera enamorado de una compañera del nuevo trabajo (como temía su esposa). No había ningún secreto que ocultarle a su esposa ni una tendencia autodestructiva a aceptar las noches solitarias y los largos desplazamientos. Era algo mucho menos oscuro. Rich intentó descolgar el teléfono; trató de enviar por correo electrónico su currículum. En vez de eso se paralizó y se distrajo con juegos en la computadora y con otros correos.

Verán, el puesto en cuestión requería habilidades de liderazgo que Rick estaba seguro de que no poseía, a pesar de las protestas de su esposa en sentido contrario. «Este es el momento —le dijo Norma— de que des un paso adelante y hagas algo especial para ti, tu carrera y tu matrimonio».

Rick nunca le respondió y no volvió a hablar del asunto hasta que se sentó en mi oficina. «Estaba paralizado —me dijo—. ¿Qué pasaría si el trabajo me rebasaba? ¿Qué tal si fracasaba? ¿Qué tal si se daban cuenta de que me superaba por mucho y me despedían? No creo que hubiera soportado otro despido de un trabajo. Todavía me estoy lamiendo las heridas de la última rescisión —¡y esa ni siquiera fue por mi culpa!».

La ansiedad normal

Y así empieza nuestra discusión sobre la ansiedad normal. La ansiedad de Rick —del tipo que «paraliza» al individuo y contribuye al sabotaje de la propia carrera y matrimonio— ¿era normal?

Bueno, sí y no. Si normal significa común o típica, entonces la respuesta tiene que ser sí. Como escribí en el capítulo 4 de nuestro libro aún no clásico, *Your Mind: An Owner's Manual for a Better Life*, todos tenemos un saboteador interno que intenta protegernos del fracaso y el rechazo. Como se mencionó en el Capítulo 1 de este libro, cuando sientes una amenaza potencial a tu sistema te pones ansioso. La ansiedad te advierte el peligro que puedes correr, y evitarlo es una respuesta muy común ante la posibilidad de fracaso o rechazo. En ese sentido, el comportamiento de Rick fue muy normal. Pero también lo es aplicar sombra de ojos mientras se conduce, beber un *latte* de 900 calorías después de tomar una clase de aerobics o incluso fumar. Si 20% de la población adulta fumara cigarros se consideraría una conducta normal. Así que tal vez la mejor pregunta es: ¿es saludable? Preguntar si la conducta de Rick es saludable convoca una respuesta muy diferente. Autosabotaje, evasión, parálisis, o como queramos llamar a la conducta de Rick, nunca es saludable. Entonces, ¿la ansiedad es alguna vez saludable?

La ansiedad saludable

La ansiedad es la respuesta neuropsicológica a la percepción de amenaza a cualquier inversión. Si los niños en la calle están jugando muy cerca de tu nuevo Ford Focus y esa situación te hace mirar nerviosamente por la ventana cada dos minutos, estás experimentando ansiedad. Pero ¿cómo puede eso ser saludable?

Responder de manera apropiada a la ansiedad, como el indicador de alerta del que hablamos en el Capítulo 1, con suerte hace la vida un poco mejor. Si la ansiedad se emplea como una alarma interna ante una amenaza potencial que provoca una respuesta correctiva, entonces la ansiedad es sin duda saludable. Por ejemplo, si te sientes ansioso cada vez que ves a tu mujer coqueteando en las fiestas con tu vecino, esa ansiedad puede contribuir a una respuesta saludable de discutir educadamente el asunto con ella. Rayar el Hyundai de tu vecino puede considerarse menos saludable, por no decir ilegal.

Si bien la ansiedad puede convertirse en un problema y ser avasalladora si te obsesionas con pensamientos negativos, también puede servir como catalizador para elevar la conciencia de las metas personales, las inversiones o las esperanzas. Exploremos otras formas en las que la ansiedad es una amiga con un mensaje útil más que un enemigo autodestructivo (y autoconstruido).

El miedo/ansiedad (empleo los términos indistintamente porque no existen diferencias bioquímicas entre los dos) es necesario para la sobrevivencia de cualquier especie. El venado sobrevive como lo hace porque teme a otras especies, incluidos los humanos, y huye de sus enemigos para ponerse a salvo siempre que puede. Otra vez, la inversión es la vida/sobrevivencia del venado, la amenaza es el depredador, y la ansiedad alerta al venado para que responda adecuadamente huyendo. Volviendo al pobre Rick, su parálisis del tipo venado deslumbrado ante unos faros le habría causado la muerte en el mundo animal. (Por suerte, Norma optó por no matarlo). *Lo cierto es que la ansiedad sobrevive porque ayuda a las especies a sobrevivir.*

Las últimas investigaciones muestran que las personas con Trastorno de Ansiedad Social presentan una conexión muy pobre entre la amígdala y el córtex frontal del cerebro. Desafortunadamente, estos individuos con una conexión reducida luchan por mantener las cosas en perspectiva. Y en lugar de controlar su reacción emocional, sus cerebros se excitan excesivamente. En estos casos sus cerebros reaccionan a toda velocidad. El empleo de terapia conductual puede ayudar a estos individuos a aprender a aplicar los frenos con suavidad.[7]

Pero los humanos tienen algo más que agradecer a la ansiedad que la mera sobrevivencia. El autocrecimiento también se basa en la ansiedad. Muéstrame a una persona con absolutamente ninguna ansiedad en su vida y te mostraré a alguien que está en coma emocional. Sin algún/algunos estímulo(s) amenazante(s) en tu vida no estás creciendo; estás funcionando por debajo de la capacidad de la ya mencionada babosa de mar. Tu corazón late pero tu alma está muerta.

El crecimiento es el subproducto de enfrentar con éxito un desafío. Sin desafío no hay crecimiento. Por tanto, la ansiedad es necesaria para crecer. Desafortunadamente, la palabra ansiedad tiene una connotación negativa. Si se emplea una palabra con una connotación más positiva como agitación, estimulación, excitación o presión para representar una situación desafiante, te das cuenta de que la emoción de la ansiedad se basa en tu percepción de la realidad, no en la verdadera realidad. Lo que induce estrés en una persona no es automáticamente estresante para otra.

Pat era una mujer adorable, de unos cuarenta y tantos, que había estado satisfecha con la carrera de ventas que había escogido. Pero el jefe de Pat no lo estaba. Le asignó la dirección de

[7] R. Sladky *et al.* «Disruptive Effective Connectivity», 10:1093/cercor/bht279.

tres nuevos condados a su área de ventas, además de los tres de los que ya era responsable. Pat protestó espléndidamente, subrayando siete razones por las cuales no podía manejar el incremento de sus responsabilidades. Mientras ella hablaba su jefe sonrió, la felicitó por sus habilidades oratorias y le dijo que tenía solo una razón para que ella lo hiciera: era el jefe y lo ordenaba.

Una Pat furiosa, ansiosa, consideró un «Renuncio» como represalia, pero se dio cuenta de que solo estaría castigándose a sí misma. Decidió quedarse y absorber la carga de trabajo extra. En dos meses Pat supervisaba con éxito los seis condados —al son de un aumento de 60% en su comisión, una confianza renovada en sí misma y un andar más seguro—. ¿El único inconveniente? Odiaba aceptar que su jefe había tenido razón.

La historia de Pat difícilmente es única. Puedes haberte sentido ansioso cuando el entrenador de tu Liga Menor dijo: «Vamos a probarte pichando» o cuando tu maestro te pidió que dirigieras el equipo de debate. Tal vez la ansiedad surgió cuando tu madre te pidió que cuidaras a tu hermano menor o cuando decidiste invitar a la secretaria del edificio de junto a salir. Para algunos de ustedes fue decidir iniciar su negocio propio, presentar una idea nueva al consejo de directores de su compañía, o asumir el reto de convertirse en el capitán de su equipo de boliche de hombres desnudos.

Judy estaba terriblemente ansiosa la semana anterior a que su hijo y su «franca e hipercrítica» nuera llegaran a quedarse en su casa durante nueve días. Su miedo consistía en que sería la receptora de la crítica que sin duda fluiría de los labios de la joven. Así que le hice una simple sugerencia: «Cuando ella llegue a su puerta ofrézcale una gran sonrisa y láncese a sus brazos y estrújela. Después dígale lo maravilloso que es verla».

La siguiente sesión Judy la empezó con: «Tengo buenas y malas noticias. La buena noticia es esta: abracé a mi nuera tan fuerte que ella instantáneamente se convirtió en ¡mi mejor amiga! Hace tres días que se fue y me ha hablado ya ¡11 veces!».

—¡Oh!, muy bien. ¿Me pregunto entonces cuál puede ser la mala noticia?

—No la quiero como mi mejor amiga —bromeó.

La ansiedad llega cuando escuchas que va a haber un examen que te obliga a estudiar. La ansiedad aparece cuando sabes que el contrincante de la siguiente semana está clasificado como número uno en el estado y eso requiere una respuesta de trabajo duro y preparación. La ansiedad se genera al saber que tus impuestos trimestrales se vencen en dos semanas y te inspira a cancelar una parranda de fin de semana de compras.

La ansiedad te recuerda que ahora estás oficialmente fuera de tu zona de confort. Es la manera que tiene tu cerebro de decirte que no has acabado de crecer, mejorar, aprender o desarrollarte. La ansiedad es la manera que tiene tu cuerpo de convencerte de que hay más que hacer: conseguir cosas, metas a conquistar y sueños que hacer realidad. De hecho, por favor acepten mi brindis a los lectores de este libro que buscan crecer: que se cumplan todas sus metas infantiles (incluyendo aquella de convertirse en astronauta). Que les sostengan la mirada y venzan a los golpeadores más amenazantes y les quiten el dinero del recreo. Que demuestren que todos sus opositores estaban equivocados y vivan para escucharlos decir eso. Que ganen más dinero que un príncipe de Medio Oriente y lo donen para curar el cáncer, la esclerosis múltiple, el párkinson y la calvicie masculina. ¡Pero *nunca* se liberarán de la ansiedad!

El estudio Yerkes-Dodson

En 1908 Robert Yerkes y John Dodson escribieron un ensayo sobre la excitación (no la del tipo erótico) y el desempeño, en el que describieron una ley que sugiere que hay un desempeño óptimo cuando la ansiedad es moderada. Esto es, cuando los atletas, músicos y otros ejecutantes se involucran en su actividad específica dan lo mejor de sí mismos cuando se encuentran moderadamente excitados (ansiosos). Ni la *ausencia* de ansiedad ni la presencia de una ansiedad extrema son buenas; una excitación moderada (ansiedad) es mejor. Permíteme explicarme.

Si el jugador de beisbol A experimenta poca o ninguna ansiedad es como si estuviera mínimamente interesado en ese juego particular. Recuerden: es la inversión más la amenaza lo que genera excitación/ansiedad. (Tal vez este año solo esté ganando 12 millones de dólares por lo que tiene pocos incentivos). Con tan poca inversión dificilmente podemos esperar que se desempeñe a su máximo. Puede que no se concentre totalmente o que no esté dispuesto a «darlo todo». ¿Por qué tendría que hacerlo si no está totalmente interesado?

Por el contrario, el mismo jugador de beisbol no podría desempeñarse a su máximo si sintiera mucha ansiedad. ¿Por qué no? Mucha ansiedad tiende a producir una parálisis del tipo «venado deslumbrado frente a unos faros» (muy parecida al comportamiento de Rick que se describió anteriormente), la cual, como pueden imaginar, no lo estimula a batear la pelota fuera del parque o incluso a recordar la letra del Himno Nacional.

Recuerden, Yerkes-Dodson plantearon la hipótesis de esta ley en 1908. (Para poner esto en perspectiva para nuestra analogía beisbolera, ¡esa fue la última vez que los Cachorros de Chicago ganaron la Serie Mundial!). Después de más de un siglo de escrutinio, la investigación continúa apoyando su teoría original. La ansiedad moderada es buena para el desempeño. Es saludable, no patológica.

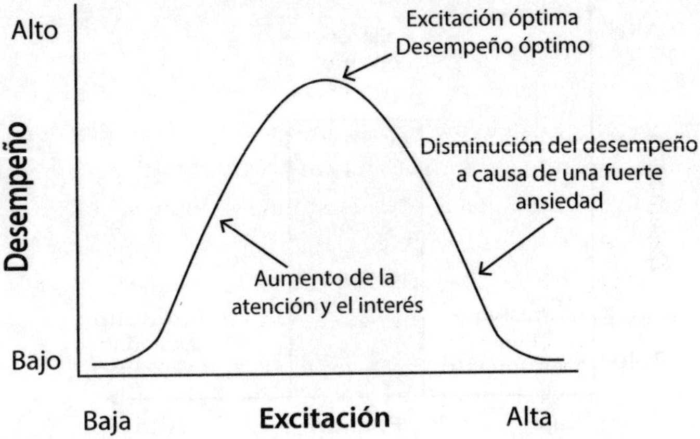

Exploremos la relación entre ansiedad y desempeño desde la perspectiva de un tipo diferente de atleta. David King, patinador artístico de pareja, dos veces campeón olímpico y ocho veces campeón nacional británico, refiere lo siguiente sobre su experiencia personal: «Tienes que manejar la ansiedad sin rodeos; la preocupación que sientes solo aumentará si no se maneja rápida y eficientemente. Otra vez, no puedes ignorar estos sentimientos; tienes que aceptarlos y convertirlos en energía que puedes emplear en una actuación o en tu vida diaria».[8]

[8] David King, entrevista personal, 2014.

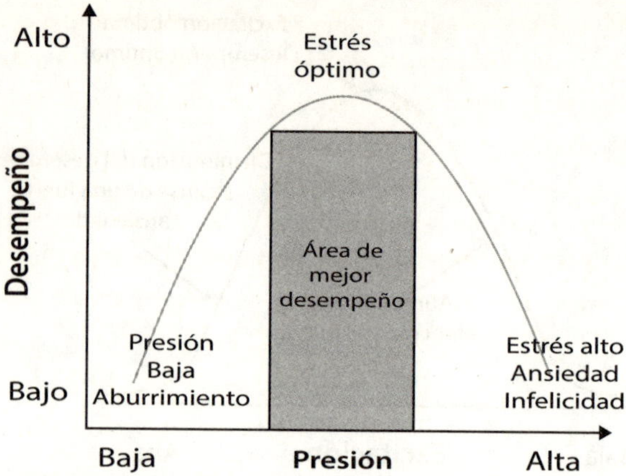

La relación de U invertida entre presión y desempeño

A la hipótesis del cuadro se le conoce comúnmente como «U invertida». Como pueden ver, cuando un individuo está aburrido, somnoliento, desinteresado o desmotivado su desempeño lo resiente. Cuando el individuo percibe demasiada presión experimenta la Ley de Utilidades Decrecientes. Con demasiado cortisol o adrenalina su corazón corre, sus músculos se endurecen, no piensa con claridad y su comportamiento sufre poderosamente. No obstante, existe un punto en este arco curvilíneo en donde el sistema es despertado y alertado a un grado óptimo de excitación y el nivel más alto de desempeño. La excitación es natural para el sistema. Es saludable, es una estrategia adaptativa que permite a un individuo desempeñarse en sus niveles óptimos.

Frecuencia, intensidad y duración

Entonces, ¿exactamente cuándo la ansiedad normal o saludable progresa para convertirse en un problema? ¿Cuándo se convierte oficialmente en un trastorno de ansiedad?

Para responder a estas preguntas permíteme hacer una analogía. John va al consultorio de su médico por un dolor de cabeza. Antes de recetarle algún tratamiento, el médico le hace tres preguntas importantes:

1. ¿Con qué frecuencia sufre de dolores de cabeza? (Frecuencia)
2. ¿Cuánto dolor experimenta? (Intensidad en una escala de 1 a 10)
3. ¿Cuánto tiempo duran normalmente? (Duración)

Ahora, supongamos que John le responde a su médico de la siguiente manera: «No padezco muchos dolores de cabeza —tal vez tres o cuatro al año—. En una escala del 1 al 10 diría que mi dolor está en 5, y en cuanto a la duración, el achaque por lo general pasa en más o menos media hora».

Si ese fuera el caso, el médico de John podría responder: «John, todos tenemos dolores de cabeza».

Pero supongamos que John respondió a las preguntas de manera ligeramente diferente: «Padezco estos dolores de cabeza tres o cuatro veces a la semana. La cabeza se me parte, doctor. Está por lo menos en 8 a 9 en una escala de 1 a 10. Me duran toda la tarde, a veces hasta la noche, siempre durante tres horas más o menos».

Ahora el médico de John responde de manera diferente: «John, ¡creo que lo mejor es ir directamente a urgencias!».

Normalmente, la ansiedad saludable se parece más al primer conjunto de respuestas —posiblemente con una frecuencia ligeramente mayor—. Observen que la ansiedad normal/saludable no sobrepasa o domina la vida de una persona. Cuando la percepción de una amenaza grave deja de estar presente es fácilmente manejable y desaparece.

La doctora Cathy Frank, directora de los Servicios de Salud Conductual de Pacientes Externos del Hospital Henry Ford, describe la ansiedad patológica. «Un trastorno de ansiedad es diferente. Mientras que la ansiedad normal se vive de manera breve y generalmente no interfiere con tu vida drásticamente, el Trastorno de Ansiedad tiende a ser una enfermedad crónica que tiene un impacto significativo en tu funcionamiento diario y puede privarte de cualquier alegría en tu vida. Más de 40 millones de personas en Estados Unidos sufren de trastorno de ansiedad».[9]

Tal vez esa sea la razón por la que a los trastornos de ansiedad con frecuencia se les llama el catarro común de la enfermedad mental.

Entonces, tenemos la ecuación inversión + amenaza. Pero ¿qué tipo de situaciones contribuyen con mayor frecuencia a generar ansiedad en la gente? ¿Podemos predecir dónde y cuándo es más probable que experimentes síntomas de ansiedad? Es gracioso que preguntes porque en el Capítulo 3 trataremos el tema de *contribuyentes perceptuales comunes* a la ansiedad.

Pero primero, permíteme alentarte a invertir tus energías en los siguientes ejercicios inductores de crecimiento. Sin duda son exigentes, pero citando a Ralph Waldo Emerson: «Haz siempre lo que temes hacer».

Destructor de ansiedad

Enfoque = Energía

El psicólogo, doctor Gary Emery, acuñó una frase que los que sufren de ansiedad harán bien en entender y recordar:

ENFOQUE = ENERGÍA

Esencialmente esto significa que adonde vaya tu atención con seguridad tu energía y tus emociones la seguirán. Enfócate en tu comedia

---

[9] Dr. Cathy Frank. «How is 'Normal Anxiety'?», *http://abcnews.go.com/AnxietOverview*

favorita y probablemente sonreirás y reirás. Piensa en las payasadas del abogado de tu exmarido y el sentimiento puede cambiar al enojo y la frustración. Puesto que creamos ansiedad al tener pensamientos amenazantes, a veces todo lo que hay que hacer es pensar esa situación de manera diferente. Por ejemplo: «Si no consigo la promoción no será el fin del mundo».

A menudo ni siquiera tenemos que repensar una situación para lograr el alivio de la ansiedad. Todo lo que tenemos que hacer es colocar nuestro enfoque en otra parte. Permíteme ilustrarlo. Una mujer con gefirofobia (miedo a cruzar puentes) acababa de regresar de unas magníficas vacaciones en el extranjero. Su esposo la recogió en el aeropuerto y se dirigió hacia el puente más aterrador de la zona. Pero la fóbica no entró en pánico.

Estaba tan ocupada platicándole a su esposo sus increíbles aventuras en Europa que no puso atención al hecho de que estaba enfrentando su peor pesadilla.

El esposo no dijo nada. Una vez que cruzaron el puente a salvo la molestó diciéndole: «¿Qué pasó, cotorra? Estabas tan ocupada hablando ¡que se te olvidó esconderte debajo del asiento!». La fóbica se dio cuenta de que su marido estaba en lo correcto. Al cambiar su foco a las anécdotas de sus vacaciones no estaba pensando en el puente en su habitual manera catastrofista. Al no pensar en él no sintió miedo en absoluto, y el viaje sobre el puente fue tan sin novedad como el viaje por su calle hacia la entrada de su casa.

Como resultado se dio cuenta de que la fobia era totalmente arbitraria. No existía a menos que ella la creara al pensar en las terribles cosas que podían sucederle. Si colocaba su mente en otro lugar —cantando, recordando conversaciones, haciendo listas de compras— no podía entrar en pánico porque estaba distraída.

Destructor de ansiedad

Tu ansiedad es arbitraria y no está basada en hechos

Cuando yo era niño, casi todos los adultos que conocía deseaban tener un millón de dólares. Hablaban como si supieran que consiguiendo un «millón de dólares» tendrían todo lo que necesitaban para estar seguros y ser felices.

Adelantemos rápidamente varias décadas. En el lapso de 48 horas dos pacientes —un hombre y una mujer— expresaron una ansiedad abrumadora respecto a la ruina financiera. Pero he aquí el problema: ¡ambos pacientes tenían un capital neto de más de un millón de dólares! Los dos tenían alrededor de 70 años y nunca habían sabido lo que era carecer de algo. Con la desaceleración de la economía ambos estaban obsesionados con la posibilidad de una total devastación financiera. Irónicamente, ambos pacientes vivían en casas que estaban totalmente pagadas.

Le recordé a estas personas que se encontraban en el porcentaje más alto de toda la gente del mundo —eran más ricos que 99 de cada 100 personas en el planeta Tierra—. Más todavía, cada uno estaba casado con un compañero fuerte, estable y amoroso.

Pero nada de dicha información sirvió. Ambos aprensivos habían sufrido recientes pérdidas y utilizaban esos casos para ver el futuro como una catástrofe financiera al acecho para destruirlos.

Que esto sirva como un recordatorio de cuán arbitraria es tu ansiedad. Alguien más podría estar en tus circunstancias de vida y sentirse la persona más afortunada.

Imagina intercambiar tu vida con estos millonarios. ¿Estarías moderadamente preocupado, o tal vez exultante por el cambio en las circunstancias? ¿Te preocuparías, como ellos, de que tu vida estuviera al borde del desastre financiero? O tal vez te sentirías como si te hubieras sacado la lotería o, al menos, a salvo y seguro de que te hubiera caído un millón de dólares.

Ejercicio 1 | Evasión

Uno de los estudiantes de preparatoria con el que trabajo expresó su frustración por la pérdida de tiempo que implicaba centrarse en las matemáticas. Argumentaba que a causa de su futura carrera no necesitaba trabajar en aptitudes matemáticas. Curiosamente, siempre había luchado con las matemáticas. Discutimos la posibilidad de que subestimara la aritmética para evitar reconocer sus propias dificultades en esa materia. La sensación de miedo, aprensión y angustia respecto a las matemáticas lo impelían a evitarlas. Una vez que estuvo dispuesto a reconocer su ansiedad respecto a las matemáticas me participó un poco de su fantástica percepción. «Si lo intento y fracaso, entonces soy un fracaso. Si no lo intento y fracaso, no soy un fracaso; solo no lo intenté». Los miedos asociados a resultados negativos con frecuencia conducen a eludir la experiencia que se percibe como inductora de ansiedad, pero con su nueva perspectiva este estudiante fue capaz de abordar sus luchas y disminuir su ansiedad.

Tendemos a subestimar las áreas en las que nos sentimos inseguros o inferiores. En lugar de enfrentar nuestro temor al fracaso o vergüenza creamos barreras o nos desaconsejamos hacer lo que realmente sería productivo. Describe una situación en la que creaste una barrera o de alguna manera eludiste hacer algo que temías. ¿Venciste tu ansiedad? ¿De qué manera?

....

....

....

....

Ejercicio 2	FRECUENCIA, INTENSIDAD Y DURACIÓN

En la columna 1 registra situaciones que hacen que te sientas estresado o ansioso. En la columna 2 anota los síntomas que experimentas (dolor de cabeza, sudoración, diálogo interno negativo, pánico). En la columna 3 escribe con qué frecuencia ocurre la situación. En la columna 4 describe cuánto duran los síntomas. En la columna 5 enumera, en una escala del 1 al 10 (nada a intenso) lo extremo de tus síntomas. Por ejemplo, situación: hablar en público; síntomas: me tiemblan las manos, siento que me puedo desmayar, se me seca la boca, necesito orinar; frecuencia: cada semana durante nuestra reunión de ventas; duración: tres o cuatro horas, hasta la reunión después de la comida; intensidad: 8.

SITUACIONES	SÍNTOMAS	FRECUENCIA	DURACIÓN	INTENSIDAD

Ejercicio 3	Situaciones

Proporciona una lista de las soluciones que hayas puesto en marcha para enfrentar tu estrés/ansiedad para cada una de las situaciones que enumeraste en el Ejercicio 2. ¿Cuáles te proporcionaron alivio y cuáles no mejoraron tus síntomas?

....

....

....

....

....

....

....

....

....

....

....

....

Ejercicio 4

Enumera las situaciones en las que sabes que otras personas se estresan o se ponen ansiosas, y sin embargo tú no. Escribe cómo percibes estas situaciones en una forma no amenazante. ¿Qué diálogo interno sostienes sobre estas situaciones?

Por ejemplo: Mi novia y las arañas… ¡se pone como loca! ¡Es solo una araña, no puede hacerle daño!

....

....

....

....

....

....

....

....

....

....

....

Ejercicio 5

Para terminar este capítulo con un tono positivo y para ayudarte a ver que incluso sin sabiduría y recursos poderosos has aprendido a cambiar tu respuesta frente a las situaciones previas que te provocaban ansiedad, escribe una lista de situaciones ante las que hubieras reaccionado con ansiedad/estrés. Escribe tus pensamientos sobre lo que ha cambiado.

....

....

....

....

....

....

....

....

....

....

....

3 Percepciones que contribuyen a la ansiedad

Los hombres no se ven afectados por las cosas sino
por la perspectiva que tienen de ellas.
Epicteto, 60 dC

Las luces brillantes, los ruidos fuertes, el sabor de las criadillas,[10] son unos cuantos estímulos que se consideran estresantes universales y consistentemente producen ansiedad en los humanos. El resto está en nuestra cabeza.

Por ejemplo, echemos una mirada al paracaidismo. Algunas personas entran en pánico ante la sola idea, pero otras, tenlo por seguro, *escogen* esta actividad todos los fines de semana para relajarse y escapar del estrés de la vida diaria. Recuerda, todo es arbitrario. La fuente de angustia y ansiedad de un hombre es la fuente de paz y soledad de otro.

Una vez dicho lo anterior, ¿existen situaciones o dilemas que contribuyan al estrés/ansiedad más que otros? La Asociación Americana de Psicología (APA por sus siglas en inglés) llevó a cabo una encuesta anual llamada «Estrés en Estados Unidos» para

[10] Gastronomía: testículos de toro cocinados. (*N. de la T.*)

aumentar la comprensión sobre lo que provoca caos en los corazones y mentes de los estadounidenses. El objetivo manifiesto fue emplear la información para obtener conocimiento y ayudar a los estadounidenses a disminuir sus ansiedades.

En 2013 las fuentes principales de estrés que se incluían en la encuesta eran las siguientes: dinero (69%); trabajo (65%); la economía (61%); responsabilidad familiar (57%); relaciones (56%); problemas de salud familiar (52%), y preocupaciones de salud personal (51%).

Analicemos tres fuentes obvias de ansiedad: miedo a recursos insuficientes, miedo a lo desconocido y miedo al rechazo/reprobación, seguidas de otras diez situaciones que contribuyen a la ansiedad de las que posiblemente no estés consciente.

Miedo a recursos insuficientes (estás en la calle, ¡con un ca**jo!)

Que la gente esté preocupada por el dinero y por la situación económica no es ninguna novedad. Pero hay que reconocer que el dinero, catalogado como un «reforzador general» por los psicólogos, representa cosas diferentes para diferentes personas. Para algunos el dinero significa libertad de elección; para otros el dinero se equipara al éxito y a un sentido de valor. Para muchos otros representa seguridad y paz mental.

Percatarse de que no hay dinero suficiente puede provocar ansiedad en las personas en las tres categorías previamente mencionadas. En la primera categoría la ansiedad puede proceder de la percepción de estar en una trampa: sin dinero no hay elecciones —te quedarás en casa y comerás hojuelas de maíz marca libre en lugar de almorzar en el Ritz.

En la segunda categoría la carencia de dinero genera ansiedad porque hay una percepción de fracaso e ineptitud. Tu tío es un millonario tipo Wall Street y de alguna manera tú acabaste teniendo la carrera de ir de empleo en empleo. Tu ansiedad es la amenaza sempiterna de sentirte profundamente avergonzado e indigno, especialmente frente a aquellos que percibes como exitosos.

Pero la tercera categoría de personas, ustedes buscadores de seguridad, con frecuencia está acosada por la ansiedad que generan los pensamientos catastróficos: vives con el miedo de encontrarte con un clavo que ponche la llanta, lo que te hará llegar tarde al trabajo, lo que atizará la ira de tu jefe, el que te despedirá, lo que destruirá tu única fuente de ingresos, lo que hará que tengas que recurrir a tus padres para pedirles dinero otra vez, lo que hará que te tengas que soplar un largo sermón lleno de «Te lo dije» y «Debes regresar a casa y vivir en tu antigua recámara otra vez», lo que hará que prefieras vivir bajo un puente y empujar un carrito de supermercado todo el día. Recuerda que tu sistema nervioso no puede distinguir entre la realidad y la imaginación. Cualquier cosa que pienses, creas o rumies hará que tu cuerpo sienta como si tus peores miedos están muy cerca de ti.

El miedo a lo desconocido

Otra fuente obvia de angustia y ansiedad es el miedo a lo desconocido. Dicho de manera sencilla, este miedo es sobre todo la percepción de vulnerabilidad. La vida está a reventar de amenazas y situaciones peligrosas, desde una predisposición genética al cáncer de próstata hasta la trágica conciencia de que la foto de tu hija acurrucada con tu gatito obtuvo solo nueve «Me gusta» en Facebook. Pero nunca sabes lo que un nuevo día tiene dispuesto para ti, ya que controlas solo un porcentaje muy pequeño de las variables que impactan tu pequeño mundo.

Tomemos, por ejemplo, la historia de Virginia. El primero de julio de 2005 su auto fue embestido en la parte posterior por un conductor distraído que no se detuvo. Su auto fue declarado pérdida total y se necesitaron todos los caballos y todos los hombres del rey para armar a Virginia otra vez. Pero ella sabía que la caca existía y se recuperó y volvió a su normalmente programada vida.

Esto fue hasta el 1° de julio de 2012, exactamente siete años más tarde, cuando su auto fue embestido por atrás por un conductor distraído que no se detuvo. El auto fue pérdida total y esta ocasión ni todo el personal del rey pudo poner a Virginia otra vez en circulación.

Sin embargo, un poco de terapia cognitiva y la inmersión en nuestro libro *Your Mind: An Owner's Manual for a Better Life* (otro desvergonzado comercial), y a las dos semanas Virginia volvió a manejar en el tráfico de las horas pico.

Para el 1 de julio de 2019 Virginia tiene planes muy específicos: se quedará en casa, pedirá una pizza y verá todo el día películas en el sillón que está junto la pared de la sala. Porque uno nunca sabe.

Rechazo/reprobación

En los muchos años que tengo de práctica privada como psicólogo he visto montones de pacientes a cuya primera cita siguió un intento de suicidio. Y aun cuando no tengo una estadística en la cual apoyarme, un porcentaje muy significativo recientemente concluyó que fueron rechazados, reprobados o de alguna manera inadecuados. La percepción de que eran indignos de ser amados, aceptados en el programa, o no lo suficientemente buenos para ser incluidos en el equipo/brigada, es aparentemente tan devastador para algunos que la no existencia es una mejor alternativa.

Por consiguiente, mucha gente vive con ese miedo al rechazo/reprobación que influye virtualmente en todas sus decisiones, desde qué usar hasta con quién emparejarse. «¿Qué pensará la gente de mí?» es la pregunta que yace detrás de sus fobias sociales, incluyendo comer y beber o hasta orinar frente a otros. Más evidente aún, paraliza a las personas en su intento de hablar públicamente. Jerry Seinfeld estupendamente observó que mucha gente preferiría estar en el ataúd en lugar de la persona a quien elogia el doliente, porque el miedo a hablar en público es mayor que el miedo a la muerte.

¿Sabías que cuando la ansiedad aumenta el rendimiento académico disminuye tanto en hombres como en mujeres? Por muchos indicios la ansiedad tiene un impacto mayor en el desempeño académico de las mujeres que de los hombres. (¡Hagan que sus hijas lean este libro!).[11]

La reprobación y el rechazo contribuyen tan consistentemente a la ansiedad como las preocupaciones financieras o lo desconocido. La siguiente es una lista, tipo Letterman, de las diez situaciones favoritas que inducen la ansiedad que ya conoces, pero que tal vez no sabes que las conoces.

1. La percepción de impotencia

Existe un estudio psicológico clásico en el que los trabajadores se dividen en dos grupos. Los investigadores dijeron al primer grupo que en el cuarto al otro lado del muro se haría un gran ruido que podría ser perjudicial para ellos. Que si en algún momento el ruido se volvía insoportable todo lo que tenían que hacer era oprimir un botón en el muro y el ruido cesaría. (Como el experimento estaba dirigido por psicólogos, por supuesto que el botón en la pared no estaba conectado a nada en absoluto).

Al segundo grupo de trabajadores no se le dijo nada; sin embargo, fueron expuestos a los mismos ruidos que el primer grupo.

---

[11] M. Nadeem, «Impact of anxiety», pp. 519-528.

Los resultados del experimento fueron sorprendentes: el primer grupo de empleados sobrevivió al ruidoso día en el trabajo sin ningún problema. Su productividad fue comparable a un día típico y, lo más significativo, nunca tuvieron necesidad de oprimir el seudobotón.

El segundo grupo, al que no se le dijo nada y tuvo que soportar el mismo ruido, no tuvo tanto éxito. Cometieron más errores en su trabajo y se quejaron más de síntomas relacionados con el estrés tales como dolor de cabeza y problemas gastrointestinales, y algunos de ellos incluso se tomaron el resto del día ¡para descansar en paz y silencio en sus casas!

¿Qué ocurrió aquí? Presuntamente la sola creencia de que tenemos algún control (el botón) sobre lo que nos rodea es suficiente para promover la tolerancia y el bienestar. La impotencia, por otro lado, tiende a estimular la vulnerabilidad y su subproducto natural, la ansiedad.

2. La percepción de cambio

El segundo contribuyente importante a la ansiedad es el cambio. Existe un viejo chiste que dice: «El único que disfruta el cambio es un bebé mojado». (A pesar de Dylan, el hijo de dos años del doctor Corman). En ninguna otra parte se ilustra el punto de manera más colorida que en la clásica investigación de Holmes y Rahe de la década de 1970. Estos caballeros concibieron lo que llamaron una Escala de Reajuste Social, que consistía en muchos apartados con una escala de puntuación del 1 al 100.[12] En su escala, los cambios se cuantifican y después se tabulan para un periodo de 12 meses. Por ejemplo, la muerte de la esposa equivalía a 100 puntos, en tanto que una multa por exceso de velocidad equivalía a 11 puntos. De acuerdo con su investigación, si

---

[12] T. Holmes, «The social readjustment rating scale», pp. 213-21.

una persona acumulaba más de 300 puntos en un año tenía 90% de posibilidades de ser hospitalizada al año siguiente. Otra vez, el punto es claro: muchos cambios pueden abrumar a un individuo y conducirlo a un colapso físico y emocional.[13]

¿Cómo explicamos el otro 10% que aparentemente resiste numerosos cambios? Tal vez sean las mismas personas que hacen paracaidismo para aliviar el estrés.

3. La percepción de inseguridad

Uno de los paradigmas más extendido en la educación es la jerarquía de necesidades de Abraham Maslow. Su tesis es muy simple de comprender: con objeto de lograr la autorrealización —el estadio más alto al que aspiran los humanos— necesitamos satisfacer un número de necesidades más elementales como alimento, cobijo y un cable salvavidas. La seguridad —la creencia de que se está a salvo de un peligro potencial— es necesaria para la autorrealización o para alcanzar nuestro máximo potencial. Lo contrario, la creencia de que no hay seguridad o certeza, contribuye de manera importante a la creación de ansiedad (el sagaz lector recordará que esto es muy similar a la fórmula inversión + amenaza). La sola percepción de que tu trabajo peligra debido a despidos inminentes, que tu atractiva compañera de cuarto también se siente atraída por el chico con el que te gustaría salir, o que el chirriar de unos frenos proviene del auto que viene disparado contra ti, puede detonar importantes sobrecargas de ansiedad.

¿Qué tan importante es la percepción de seguridad? Erik Erikson, el ícono neofreudiano famoso por su propuesta de las ocho etapas del hombre, afirma que obtener seguridad aprendiendo a

---

[13] Holmes y Rahe sacaron a la luz que el estrés es provocado no solo por sucesos negativos en la vida de una persona sino también por sucesos positivos.

confiar es la única tarea importante que un infante puede llevar a cabo durante los dos primeros años de vida. Más aún, la seguridad es tan significativa para los humanos que, de acuerdo con la investigación, el estado de limbo —la incapacidad para formular un plan o determinar una dirección— es más difícil de enfrentar ¡que incluso las malas noticias!

Ben y Rhonda eran la envidia de todos sus amigos. Su relación aparentemente era «perfecta» porque disfrutaban de cada uno inmensamente y nunca parecían discrepar. Pero ellos tenían un asunto insalvable que los mantenía paralizados en una relación en el limbo. Ambos eran personas muy religiosas; Ben era judío y Rhonda cristiana. Por lo tanto, no podían ponerse de acuerdo sobre cómo educarían a sus futuros hijos. Entonces, fueron novios durante 13 años; ocasionalmente rompían pero siempre se reconciliaban porque estaban convencidos de que eran almas gemelas. Experimentaban una relación en el limbo porque no podían encontrar una solución. Finalmente, la pareja fue bendecida con «malas» noticias. A Ben le diagnosticaron un caso de esclerosis múltiple debilitante (EM), que lo incapacitó para tener hijos. La pareja de inmediato se casó y ha disfrutado de 20 felices años a pesar de que Ben está en una silla de ruedas y Rhonda es su principal cuidadora.

Como sugiere la investigación, las malas noticias sobre la EM, aunadas a la tristeza de que no tendrían hijos, fueron considerablemente más fáciles de asimilar por la pareja que el perpetuo estado de limbo, preguntándose si alguna vez podrían resolver su dilema aparentemente irresoluble. Como siempre, deberá tomarse en cuenta que la seguridad no existe en realidad, es solo un estado mental, tal como la inseguridad. Existen historias de gente que vive su vida con una seguridad financiera total gracias a un seguro de vida que más tarde descubre que era fraudulento. Otros durmieron reposadamente con la convicción de que sus esposas les eran totalmente fieles solo para saber de manera póstuma por un diario secreto que existieron varios deslices maritales a lo largo del camino.

Se cree que algo tan simple como los faroles de la calle aceleran los «relojes biológicos» de las aves canoras. La exposición de los pájaros a 1/30 de la luz de un farol común y corriente hace que se reproduzcan más pronto. Siéntanse con libertad para mencionar esta investigación cuando les cuenten a sus hijos sobre las aves y las abejas.[14]

Pero tu sistema nervioso no responde a la realidad de tus situaciones, solo lo hacen tus percepciones. Si crees que estás inseguro en tu relación, tu trabajo, tu vecindario, o el hielo sobre el que estás jugando hockey, experimentarás una ansiedad proporcional al grado de tu inversión (cuán importante es la situación para ti). Igualmente, puedes estar corriendo un gran riesgo al vivir en la dirección del viento de Chernóbil o al lado del Hijo de Sam,[15] pero si no estás consciente de ello no habrá inseguridad, y por lo tanto, ansiedad.

4. La percepción de roles ambiguos (ambigüedad de roles)

Jennifer es brillante, inteligente, trabajadora y está plagada de ansiedad. Trabaja como asistente jurídico para una familia de abogados muy poderosa en su ciudad. Los pleitos por divorcios, que

---

[14] *www.oprah.com/health/Sensory-Deprivation-Chamber-Stress-Relief*

[15] David Berkowitz, asesino en serie estadounidense, conocido como *El Hijo de Sam*. (*N. de la T.*)

le procuran a la empresa sus mayores ganancias, tienden a producir una cosecha de personas sumamente vulnerables y ansiosas que dedican una cantidad significativa de sus ahorros para contratar una representación legal competente.

Y en eso radica el problema para Jennifer.

Ella observa con impotencia cómo desaparece el dinero de sus anticipos a causa de gastos frívolos como llamadas telefónicas inexistentes y reuniones exageradas, que consumen miles de dólares de los clientes. Jennifer se siente atormentada y experimenta oleadas de ansiedad a altas horas de la madrugada y consume Tums a puños porque se siente atrapada por las ambiguas exigencias de su posición: 1) defender la integridad de su patrón, y 2) proporcionar servicios precisos, profesionales y éticos a sus clientes. Dicho de manera sucinta, Jennifer lucha con el dilema de denunciar a su poco ético jefe con las autoridades y dejar su trabajo *vs.* alimentar/vestir a sus hijos.

Cada vez que una persona se siente empujada a situaciones conflictivas (los psicólogos llaman a este papel *ambigüedad*) es muy probable que exista una ansiedad agregada.

Pero anímate, hay buenas noticias. La ansiedad puede interpretarse como un agente saludable para el cambio (¿recuerdas los indicadores de seguridad del Capítulo 1?) y la paz puede sustituir a la confusión cuando se alcanza una resolución cognitiva. Jennifer encontró una solución adecuada para su dilema: después de casi dos años de «nerviosismo interno y dolores de estómago matutinos» encontró un puesto en una empresa pequeña por un poco menos de dinero. Ella justificó el retroceso económico por la convicción de que compensaría la disminución del salario con paz mental y un sueño reparador, y con los ahorros que haría al no seguir comprando Tums.

5. Vulnerabilidad: la percepción de perder tu «cobijita»

Dylan, mi arriba mencionado bebé de dos años, nunca viaja sin su pañalera, tres o cuatro pañales extras (nunca se sabe), toallitas húmedas, colación, agua, chupón, y por supuesto una cobijita. Curiosamente, la cobijita tiene su nombre a pesar del hecho de que no sabe leer. Pero le proporciona seguridad y ocupa el segundo lugar en importancia después de sus padres.

Joan, a pesar de ser 67 años mayor que Dylan, también tiene una cobijita con su nombre. Por supuesto, es una cobijita metafórica, fabricada de complejos rituales más que de tela. Verán, de niña Joan fue repetidamente acosada sexualmente por miembros de su familia, la misma gente que debía haberla protegido. Por tanto, ha vivido su vida entera padeciendo considerables síntomas de ansiedad, especialmente claustrofobia (el miedo a quedar atrapado), como lo había sido por los que habían abusado de ella, e hipervigilancia (la necesidad de revisar constantemente su entorno de peligros potenciales). En otras palabras, Joan parece no relajarse porque hacerlo equivaldría a bajar la guardia. Los sobrevivientes de abusos como Joan experimentan el relajamiento como vulnerabilidad. Imaginen un conejo en un campo abierto. Incluso en una hermosa y soleada tarde, sin ningún depredador a la vista, tiene necesidad de estar alerta y mordisquea su comida con los ojos siempre escaneando una potencial amenaza. Uno solo puede imaginar que no existen momentos de completa relajación para el conejito (a menos de que vaya a terapia), puesto que podría interferir con su supervivencia misma.

Joan, por supuesto, es considerablemente más consciente de sí misma que el conejito ya que está en terapia y se da cuenta de que su ansiedad, a pesar de estar diseñada para la sobrevivencia y la autoprotección, en realidad ahora es *contraproducente* porque la hace estar completamente nerviosa en su propia piel y complica todo, desde viajar en avión hasta subirse a un elevador. Peor aún, a diferencia del conejito, no hay un beneficio en los comportamientos ansiosos y evasivos de Joan puesto que sus depredadores murieron hace medio siglo y nadie más ha abusado de ella desde que tenía seis años. Pero cuando se le pidió que imaginara qué sentiría si se liberara de su ansiedad y miedo, la respuesta sincera de Joan fue «más miedo». Irónicamente, la ansiedad se ha convertido en la cobijita protectora de Joan. Y puesto que nadie ha intentado dañarla durante tanto tiempo, ¡siente como si su ansiedad la estuviera protegiendo!

¿Se encuentra irremediablemente atascada en su ansiedad? Por fortuna, no. Ella, como Dylan, puede aprender a liberarse de su cobijita interior reemplazándola con otras habilidades y herramientas como se describirá en los capítulos subsecuentes.

6. La percepción de necesitar perfección

El doctor Miller era el médico favorito de todo el mundo. Era brillante, poseía un gran sentido del humor, un trato amable con los enfermos, y seguía haciendo visitas a domicilio mucho después de que todos los demás médicos de la ciudad habían dejado de hacerlas. La única persona en esa pequeña ciudad del sur que no quería emular al doctor Miller era su hijo, Bill. Verás, a pesar de que el acta de nacimiento decía William Miller, todo el mundo lo conocía como «el hijo del doctor Miller». Entonces, la única forma en la que Bill imaginaba que podía labrar su identidad propia —su abuelo y su tío paterno también eran médicos— era haciendo algo, cualquier cosa, que no fuera estudiar medicina. Bill se enroló en las fuerzas armadas, literalmente lejos de su papá y de su evidente apremio de emular sus notables pasos. La presión de triunfar siguió a Bill en todos sus viajes al extranjero, pero él respondió fabulosamente al desafío, ascendiendo en la jerarquía en poco tiempo. En su mente nada menos que ser almirante —el grado más alto— sería suficiente, porque solo ese tipo de éxito podría compararse adecuadamente con los excepcionales logros de su padre.

Pero un accidente, un aparentemente benigno error de juicio, ocurrió en una guardia de Bill y literalmente hundió su ambición de alcanzar la cima en el servicio de su instituto armado. Aunque Bill no cometió el error, él estaba a cargo y, por tanto, contribuyó a la percepción de que no estaba calificado para ejercer ese tipo de responsabilidad y liderazgo. Su historial ya no estaba impoluto. Y, a diferencia de su padre, no era perfecto.

Bill se retiró con honores y condecoraciones después de una sobresaliente carrera en las fuerzas armadas. Pero llevaba consigo una persistente y agobiante ansiedad que mitigaba con su relación clandestina con el capitán Jack Daniels. No fue sino hasta que su esposa lo amenazó con abandonarlo por enésima vez cuando conocí a Bill y supe de la ansiedad que había llevado consigo durante toda una vida de gran esfuerzo (y fracaso) para alcanzar la perfección.

¿Sabías que los individuos con trastornos de ansiedad son dos o tres veces más propensos a luchar contra un trastorno de abuso de sustancias durante su vida en comparación con la población general?

Bill sabía que debía dejar de beber para siempre, pero dejar la bebida en sí no reemplazaba su ansiedad con paz y alegría. Tuvo que darse cuenta de que él mismo creaba su perfeccionismo en un esfuerzo por ser adecuado, lo suficientemente bueno para ser llamado «el hijo del doctor Miller». Incluso ese entendimiento fue benéfico pero no curativo. También tenía que darse cuenta de que su padre estaba sumamente orgulloso de él, al igual que su esposa, sus hijos, sus amigos y todos los hombres que dirigió en su carrera militar. Le sugerí que ninguna de estas personas lo habría querido de manera diferente si hubiera ascendido de rango. Que era *su* sentido de incompetencia el que provocaba la presión y la ansiedad, no el de los demás. Pero tal vez el argumento contundente para Bill fue un descubrimiento que hizo en medio de nuestro trabajo: al jubilarse antes pudo pasar los últimos tres años de la vida de su padre en la cabecera del anciano. Bill sabía que un ascenso habría estropeado esa oportunidad. En retrospectiva, la oportunidad de visitar con regularidad al doctor Miller fue invaluable y más importante que un galón más en su manga.

7. La percepción de que las amenazas imaginarias son reales

Si la ansiedad consiste en la percepción de una amenaza, entonces no es necesario que la amenaza sea real. Recuerda que cada vez que esa percepción llega a nuestro sistema nervioso supera la realidad. Veamos el caso de Jeremy, un niño de preescolar que me fue referido por el médico de urgencias. Jeremy había desarrollado una fobia (miedo irracional) a defecar. Afortunadamente Jeremy no lidió con este trastorno por mucho tiempo; su madre me aseguró que evacuaba graciosamente y sin esfuerzo hasta hace tres días.

El médico de urgencias realizó una serie de radiografías que indicaban que Jeremy no tenía ninguna obstrucción, así que se le administraron algunos líquidos para acelerar el flujo. Sin embargo, después de varias horas en las que no hubo ninguna deposición recomendó que el pequeño viera a un psicólogo ya que creía que la conducta era una «retención» autoinducida.

Después de examinarlo, Jeremy pudo identificar que había una causa que contribuía a su constipación autoinducida: había ocurrido recientemente cuando vio en televisión la *Semana del tiburón*. Narró lo escalofriantes que se veían los tiburones en el programa. Jeremy asoció que los tiburones nadan en el agua y que, de hecho, su excusado tenía agua. Admitió que estaba aterrado de que uno de esos sanguinarios devoradores de hombres pudiera «morderme las pompas mientras estoy haciendo popó». Le pregunté a Jeremy qué tamaño tenían estos tiburones. Respondió que de dos a tres metros. Le pregunté cuál era su circunferencia formando un círculo con mis brazos. Después le inquirí sobre su aspecto exterior, si era suave o duro. Jeremy respondió: «Es duro porque les dispararon etiquetas que rebotaron». Por último le pregunté: «¿De qué tamaño es la tubería del excusado por donde se va tu popó?». Formó un círculo con mis pulgares e índices. Con esta información tomé uno de los lindos animales de peluche que tengo en mi librero, una suave foca, y le pedí a Jeremy que empujara el mullido juguete a través del círculo formado por mis dedos. Después de estrujar infructuosamente el juguete y hacer su mejor esfuerzo para que pasara por el círculo, se detuvo y cayó en la cuenta de que su miedo no tenía fundamento en la realidad. Inmediatamente, con base en su nuevo conocimiento, se volteó y me hizo una sencilla pregunta: «¿Puedo ir al baño?».

Tu historia particular puede carecer de esta inocente y adorable culminación, pero ¿no llevamos todos encima amenazas imaginarias? Una opresión en el pecho se interpreta como un ataque al corazón fatal. El retraso del cónyuge se convierte en un desliz extramarital. Tu útero, agitado con patadas la semana pasada, esta semana está quieto, lo que para ti garantiza un aborto. La ausencia de respuesta de tu jefe a tu proyecto solo puede significar que odió tu trabajo y que te despedirá cualquier día.

Los monstruos imaginarios acechan en todos los lugares en los que has invertido. Para estar ansioso todo lo que necesitas es creer que el monstruo existe. Tomando una cita anónima: «No prestes oídos a todo lo que piensas».

8. La percepción de asuntos inconclusos

El gran Fritz Perls, padre de la escuela de la psicoterapia conocida como Gestalt, fue pionero en la teoría de que la gente necesita concluir sus asuntos para alcanzar la paz. Dicho de otra manera, no habrá paz a menos que termines las cosas de la vida que más te importan.

Los seres humanos buscan la conclusión. Piensa en ello. ¿Quién tiende la mitad de la cama o poda el 90% de su pasto? ¿Alguna vez te has sentido satisfecho con un manuscrito o una pintura parcialmente acabados? ¿Un cuarto que empezaste a pintar? Los asuntos inconclusos tienen el poder de interrumpir nuestro equilibrio y perturbar nuestra paz. ¿Pero cómo concluimos cosas que son imposibles de terminar?

Deborah, una viuda que está a finales de la década de los cuarenta, me fue referida por su médico general. Había perdido a su esposo un poco más de un año antes en un trágico accidente de trabajo. Tenía los síntomas comunes de pena, incluso tristeza, desesperación, pérdida del placer en las cosas que alguna vez le importaron, etcétera. Pero Deb estaba extraordinariamente ansiosa debido a su incapacidad para concluir la prematura muerte de su esposo. Él estaba descargando un camión en su trabajo cuando fue atropellado por otro camión que iba muy rápido en reversa. Deb estaba acosada por un sueño recurrente sobre el incidente, y se despertaba inundada de ansiedad y con una pregunta que la quemaba: «¿Sufrió mi esposo antes de morir?». La incapacidad para responder a esta pregunta provocó que se obsesionara con sus últimos momentos de vida sin poder llegar a algún grado de satisfacción por medio de su autointerrogatorio.

Tuve la posibilidad de ayudar a que Deb entendiera que si quería salir de su autoencarcelamiento tendría que encontrar la forma de liberar esa pregunta de su psique de una manera u otra. Ella decidió que había una manera de tener más información: podría pedir el reporte del incidente en el trabajo y revisar los relatos de los testigos y el informe del forense. Solo había un problema: no creía tener el valor para leer dicho material. Sin embargo, pidió la información y la llevó a nuestra siguiente sesión.

Después de unos rápidos saludos Deb empezó la sesión entregándome el reporte del accidente, afirmando que ella no podía leerlo pero que confiaba en que yo lo hiciera por ella. Cuando llegué a la parte del informe que describía el accidente, procedí con cautela pero honestamente, leyéndole textualmente que el camión golpeó a su esposo de lleno y que después lo arrolló con las dos llantas del lado del conductor. Oí que Deborah tragaba saliva rápida y sonoramente mientras escuchaba el relato del testigo.

Me agradeció repetidamente y dijo que ya tenía lo que necesitaba; ya podía permitirse liberarse de la obsesión y concluir de una vez por todas que él no había sufrido y que, por tanto, ella tampoco tenía que hacerlo más. Nunca la volví a ver. El asunto inconcluso de su sufrimiento ya había terminado y, con suerte, también su ansiedad recurrente.

9. La percepción de estar abrumado

Casi el 100% de las personas que presentan problemas de salud mental tiene una cosa en común: perciben sus circunstancias de vida actuales como abrumadoras. Es decir, las situaciones, las relaciones y los conflictos en tu vida han llegado a un lugar en donde crees que ya no puedes seguir sobrellevando las cargas de manera efectiva. Es como si caminaras confortablemente por la vida llevando tres cajas. De pronto, por una u otra razón la vida te da un par de cajas extras para que las coloques arriba de las tres que ya estás sosteniendo. Por supuesto, en lugar de encontrar la manera de dejar caer una o dos cajas de la parte superior estás al borde de arrojar las cinco cajas al suelo, llevándote con ellas todos tus esfuerzos para mantenerte como una persona estable y con control. ¡Estás abrumado!

Tal fue el caso de Randall, alto ejecutivo de una exitosa compañía manufacturera. Randall era un ferviente creyente de la idea de que ninguna buena acción queda impune. Su acción fue convertir su pequeña compañía en un asombroso éxito —una máquina de hacer dinero en tres cortos años en los que estuvo en la cúspide—. A partir de ese vuelco radical su compañía fue adquirida (o «devorada», como él lo llama) por una corporación mucho más grande que deseaba retener a Randall, pero como gerente de distrito. Para conservar su trabajo Randall tuvo que aprender un «nuevo lenguaje», desarrollar una variedad de nuevas habilidades y dirigir a un núcleo de «totales extraños». Todo ello, por supuesto, en una nueva oficina en una nueva ciudad. El salario de Randall casi se duplicó, pero, de acuerdo con su interpretación de la realidad, se sentía arrepentido y amargado por los cambios que encontró. Otra vez, estaba abrumado.

Randall necesitaba entender que *abrumado* es una percepción, no una realidad. Algunas personas se abruman por el nacimiento de un hijo; otras tranquilamente crían niños por docenas. Su percepción de que había muchos cambios y mucho que aprender es lo que realmente le provocó ansiedad. Sus nuevos jefes expresaban confianza en Randall y desarrollaron lo que parecía una estrategia realista para sus nuevas responsabilidades. Con un poco de autoexamen descubrió que en el fondo de su ansiedad estaba abrumado y básicamente temeroso de que pudiera fallar.

Se necesitaba una pequeña prueba de realidad. A Randall había que recordarle que la excelencia de su compañía se debía principalmente a su capacidad de innovación y liderazgo. La razón misma de la fusión fue su triunfo; no era probable que de pronto se volviera un «fracaso». Randall decidió que la manera de superar su percepción de estar abrumado era la misma que el muy trillado método para comerse un elefante: una mordida a la vez.

Por consiguiente, reemplazó su mantra de «Estoy abrumado» con la afirmación «Es demasiado pero es manejable y voy a triunfar». Finalmente, creamos una nueva palabra. Ya no estaba «abrumado» sino «anegado». Definimos dicha palabra como «Es mucho pero es manejable». En tres meses fue ascendido otra vez con una nueva oportunidad de sentirse abrumado. Esta vez manejó los retos sin sucumbir a una ansiedad perturbadora.

10. La percepción de estar en una trampa

La única forma de salir es atravesar.
Robert Frost

Como verás en el Capítulo 7, el ingrediente central de los ataques de pánico es la percepción de estar en una trampa. Mientras más aguda es la sensación de estar atrapado (como estar atorado en un elevador) más propenso estás a entrar en pánico. Situaciones menos cruciales, como una relación tóxica, por ejemplo, es más probable que produzcan síntomas generalizados de ansiedad como nerviosismo, insomnio e irritabilidad, que ataques de pánico.

Tal fue el caso de David, un hombre de 42 años que era ansioso crónico y se sentía constantemente infeliz debido a su percepción de que estaba atrapado en su trabajo como conductor de un camión. David, un empleado que le simpatizaba a todo el mundo y muy trabajador, tenía una hoja de trabajo sin tacha y había recibido numerosas promociones y premios a lo largo de los años. El problema, por supuesto, era que él nunca quiso un trabajo de ese tipo; fue un trabajo en el que «cayó» después de graduarse de preparatoria hace 27 años. David y su entonces novia, Sonya, eran la pareja que tus padres siempre te advirtieron que no fueras: su primer episodio de sexo sin protección culminó en un inesperado bebé. Ninguno de los padres contempló el aborto como una opción, así que decidieron casarse y convertirse en padres a la madura edad de 18 años. La universidad dejó de ser una alternativa para David, pero sí lo fue conducir un camión para los compañeros del equipo de beisbol de su padre. E, incluso con la llegada de dos hijos más y lo que parecía ser un matrimonio sólido y estable, David se vio atrapado en su infierno privado.

Pero, como siempre, la percepción supera a la realidad. A pesar de que David creía que estaba atrapado, la realidad era que podía jubilarse con todos los beneficios solo en tres años más. En tanto la realidad le ofrecía a David el confort mínimo, él estaba menos que inspirado.

Así que examinamos qué haría en un mundo perfecto —uno en el que pudiera trabajar en el área que eligiera—. Curiosamente, aseguró que siempre había querido ser chef en un buen restaurante. Realmente disfrutaba cocinando en su casa y creía que un trabajo en el cual pudiera expresar su ingenio en creaciones culinarias sería maravilloso para él. Así que pregunté a David: «¿Qué tal si empleamos nuestro tiempo y recursos para preparar tu jubilación buscando oportunidades para asistir a una escuela de gastronomía cercana?». Con el dinero que había ahorrado y las referencias que había acumulado podría con toda probabilidad cumplir sus sueños si reinvertía sus energías en esa dirección. Por supuesto, esta redirección requeriría una cosa: David tendría que reemplazar su percepción de «Soy un hombre victimizado, atrapado» por «Esperen un poco más y alcanzaré mi sueño de ser chef». Al principio, a la ansiedad de su percepción de estar atrapado la reemplazó la ansiedad de «¿Podré hacerlo realmente?». Como el ya mencionado Randall, David también temía al fracaso. Pero decidió que les debía a sus hijos el ejemplo de un hombre que enfrentaba sus miedos e iba en busca de sus sueños.

Hoy es el orgulloso propietario de un restaurante en el centro de la ciudad. Dos de sus hijos trabajan como ayudantes de mesero. Algunos días, cuando las filas y las horas son especialmente largas, *ellos* se sienten atrapados. Pero David es un hombre libre.

Ejercicios

1. ¿Qué me provoca estrés?

A. Anota las situaciones o relaciones que te causan ansiedad o miedo.

....

....

....

B. Anota las percepciones que tienes respecto a las situaciones o relaciones mencionadas arriba.

....

....

....

C. Anota los sentimientos que tienes sobre las situaciones o relaciones anteriores.

....

....

....

....

....

Ejercicios (cont.)

2. Si no es perfecto no es lo suficientemente bueno

A. Anota las situaciones en las que aplicas el pensamiento de todo-o-nada.

....

....

....

B. Escribe el comentario todo-o-nada que piensas o dices sobre la situación anterior.

....

....

....

C. Convierte cada pensamiento o sentimiento de todo-o-nada en una observación más realista.

....

....

....

....

3. Yo estoy bien. Tú estás loco

A. Anota las situaciones que otros perciben como generadoras de ansiedad que tú crees que están perfectamente bien y que no te provocan ningún sufrimiento.

....

....

....

B. Escribe los comentarios de otras personas que revelan sus percepciones erradas.

....

....

....

C. ¿Qué dice de ti el que puedas ver estas situaciones bajo una luz más saludable?

....

....

....

D. ¿Qué puedes aprender de tus percepciones después de analizar las percepciones erradas de otros?

....

....

....

4 Herramientas para el jardín

El pensamiento positivo, la visualización y la buena preparación fueron las principales herramientas que empleé para ser el mejor en un evento cumbre.
David King, patinador artístico olímpico

Beth es una exitosa enfermera certificada en la unidad de cuidados intensivos neonatales de un hospital, y no entendió cuando se le ordenó que dejara todo (cuando estaba hasta el cuello de bebés prematuros) y se reportara a Recursos Humanos (RH). «¿Qué es lo que no puede esperar hasta mi cambio de turno?», se preguntó. «¿Me irán a despedir?». Este pensamiento catastrofista sumergió a Beth en un pánico inmediato; para el momento en que se atrevió a cruzar el inmenso complejo hospitalario en dirección a RH decidió tomarse un tranquilizante de emergencia en un intento de apaciguar su repentina explosión de ansiedad. «¿Qué voy a hacer si me despiden? ¿Cómo le daré de comer a mis hijos? ¡Acabo de comprar un auto! ¡Nadie está contratando en este momento! ¿Qué fue lo que hice?».

En cuanto entró al Departamento de Recursos Humanos se le dio un recipiente de plástico y se le ordenó que diera una muestra de orina «STAT».[16] Beth no consumía drogas ilegales; nunca bebía antes de ir al trabajo. Estaba a salvo, imaginaba, y se relajó de inmediato y le tendió fácilmente a la enfermera la muestra de orina. Pero la reunión no se había terminado. Se le hizo una serie de preguntas que incluyeron: «¿Encontraremos drogas en su sistema que no hayan sido prescritas por su médico?». Beth era una persona honesta. No podía mentir. El tranquilizante de emergencia no se lo habían recetado. Era de su hermana. Como tal, estaba violando la política del hospital al tomar medicamentos sin receta. Por suerte se le permitió conservar su trabajo si participaba voluntariamente en una terapia ambulatoria.

Pero no puedo dejar de subrayar la obvia ironía de su historia. Beth estaba bien antes de la llamada de RH. No tenía una receta porque no tenía ningún trastorno de ansiedad. En alguna parte escuchó a una enfermera decir que traer una pastilla de emergencia era una buena idea por si alguna vez se presentaba una crisis. Pero no había más crisis que la que Beth creó en su cabeza al involucrarse en un pensamiento catastrofista. Al crear ansiedad recurrió a medidas desesperadas que, en lugar de suavizar su problema, casi le costaron el empleo que no podía darse el lujo de perder.

En este capítulo ofreceremos herramientas para el jardín sencillas que funcionarán de inmediato para prevenir, reducir e incluso eliminar la ansiedad y el pánico, sin pastillas de emergencia.

---

[16] Abreviatura de la palabra latina *statim*, «inmediatamente». *(N. de la T).*

Herramienta para jardín 1

Entender la inversión + amenaza

La historia de Jim

El doctor Shinitzky proviene de una familia de gente inteligente, como su primo Jim. Un día Jim escuchó una conferencia nuestra en una librería local sobre cómo la ansiedad surge de la percepción de amenaza a nuestras inversiones. Continuamos hablando sobre otros asuntos no menos importantes, pero Jim dejó de seguirnos. ¡Tuvo una percepción maravillosa! Fanático de toda la vida de los Cachorros de Chicago, Jim cayó en la cuenta de que había perpetuado su propia ansiedad y sufrimiento —los Cachorros ganaron por última vez una Serie Mundial en 1908— al mantener su lealtad hacia ellos.

Así que tomó una decisión muy sencilla. Ya era tiempo de abandonar a sus «Adorables perdedores» en favor de los vecinos Cerveceros de Milwaukee. Los Cerveceros tampoco han ganado nunca la Serie Mundial, pero eso no tiene impacto en Jim. No le importan, por lo que su melancolía veraniega se ha disipado.

Kenneth es un adinerado hombre de negocios en los inicios de sus 70. Es exitoso en la vida excepto por el hecho de que su tercera esposa lo amenazó con abandonarlo si no controlaba su carácter explosivo. Por propia admisión es una gran persona 95% del tiempo y un descontrolado pe***jo el resto. Nunca le ocurre con ninguna otra persona en su vida excepto con su(s) esposa(s). Estaba avergonzado, humilde y temeroso de que lo poncharan del matrimonio por tercera vez.

Necesitamos dos sesiones para dar con el meollo del asunto: no estaba fuera de control —solo «lo perdía» con su esposa—. En segundo lugar, los únicos asuntos que podían alterarlo/asustarlo/excitarlo eran sus inversiones. Pronto llegamos a la conjetura de que había dos denominadores comunes: dinero y poder/control. Si cualesquiera de estas dos cuestiones se percibía como amenazada, él se lanzaría al ataque para defender su territorio como un tejón arrinconado. Por supuesto, le expliqué, nunca puedes ganarle una pelea a tu esposa. Es como si tu brazo izquierdo golpeara tu brazo derecho. ¿Qué ganas?

Le sugerí que modificara su pensamiento tan pronto como fuera posible para reflejar una realidad más exacta: tienes suficiente dinero; nunca te lo vas a acabar a menos que compres a los Yanquis. Tu esposa es fiscalmente competente y responsable. Nunca te ha dañado financieramente. Es tu compañera de equipo y busca tu mejor interés. No hay ninguna razón para que le grites —nunca—. Da un paso atrás y siempre busca entenderla. La conclusión es esta: tú has invertido en dinero, pero no existe ninguna amenaza. Tú estás interesado en ganar pero necesitas soltar esa inversión. Solo puedes ganar si ambos ganan. Emplea tu energía para apoyarla, dile que confías y crees en ella y suelta. Esa es la forma de ganar en el matrimonio. Además, el divorcio es una seria amenaza a tus inversiones.

Los trastornos de ansiedad (así como el abuso de sustancias) con frecuencia preceden a dolores de la espalda baja crónicos. Curiosamente, la depresión se presenta después de que el dolor en la espalda baja aparece. Cuidar tu salud mental parece ser una forma vital de protegerte del dolor físico crónico.[17]

Herramienta para jardín 2

Enfoque = energía, así que domina tu enfoque

Joyce era una mujer de 82 años con una historia importante de eventos de ansiedad, especialmente en situaciones sociales y en espacios estrechos (claustrofobia), así que estuvo encantada

[17] P. B. Polatin *et al. Spine*, pp. 66-71.

al saber que yo hablaría sobre la ansiedad en las instalaciones de una iglesia local. Las personas ansiosas con frecuencia combaten sus síntomas tratando de controlar su situación/ambiente. Joyce llegó media hora antes y se sentó justo en medio del salón con la vista directamente hacia el pódium desde el que yo hablaría. Le encantó ver que no había nadie más en el lugar. No tenía que sentirse ansiosa porque, para Joyce, la ausencia de multitudes equivalía a la ausencia de amenazas.

Desafortunadamente para Joyce (pero por fortuna para mí), poco a poco el salón se empezó a llenar hasta que no hubo asientos vacíos y un pobre hombre se tuvo que sentar en el piso debajo del piano. Para ese momento Joyce estaba virtualmente cociéndose en su propia salsa. Se sentía atrapada y los síntomas de pánico empezaron a aumentar en su pecho y abdomen. «Pensé que me desmayaría, doctor —me informó—, y entonces ocurrió algo gracioso. Usted empezó a hablar y fijé mi atención en usted y literalmente me olvidé de mi ansiedad. Y solo se me ocurrió más tarde, tal vez a la mitad de la conferencia, que no me había sentido nerviosa ni un momento desde que usted había empezado a hablar. Fue algo mágico, doctor».

A pesar de que me complace que mis pacientes crean que llevo a cabo proezas mágicas, no hubo magia en lo que le ocurrió a Joyce. De acuerdo con el psicólogo doctor Gary Emery, existe un principio simple que trabaja en la operación Enfoque = Energía.[18] El foco de Joyce estaba inicialmente en el espacioso y vacío salón que no representaba ninguna amenaza para ella. Cuando la multitud entró cambió su foco a pensamientos amenazadores como «Ahora estoy atorada. No puedo dejar el salón sin dar un espectáculo y ¡eso sería horrible!».

---

[18] Gary Emery y J. Campbell. *Rapid Relief from Emotional Distress.* New York, Random House Publishing Group, 1987.

Pero su enfoque cambió una vez más al pódium, presuntamente con pensamientos como: «Mmm, yo no sabía eso». «Vaya, me puedo ver reflejada en eso», y con suerte, «Oooh, él es particularmente bien parecido».

Independientemente de lo que Joyce realmente pensó, su habilidad para distraer su pensamiento de una amenazante gama de autoafirmaciones (Estoy atrapada) con algo no amenazante (Me puedo identificar con esto) *inmediatamente* cambió sus sensaciones. ¡Su ansiedad desapareció en segundos!

Permíteme proporcionar un ejemplo más de cómo funciona esto. Marsha fue trágica y horrorosamente agredida —fue secuestrada en un parque a punta de pistola por un completo extraño—. Fue violada por este hombre y retenida durante varias horas hasta que finalmente pudo escapar. A pesar de que nunca volvió a ver al hombre, el raptor continuó persiguiéndola en muchos aspectos de su vida (véase el Capítulo 10 **Trastorno de ansiedad postraumática** [TAPT]). Una de esas acechanzas era la incapacidad de Marsha para frecuentar un parque público sin experimentar terror y un sentimiento de pesimismo. Al mismo tiempo, Marsha era ahora madre de dos niñas y juró que no iba a permitir que su trauma les arruinara su infancia. Por consiguiente, las llevaba al parque y las dejaba jugar mientras ella sufría en silencio con recuerdos recurrentes y una ansiedad extrema.

Un día relató una evolución interesante. Fue a la playa con las niñas y se puso a jugar al frisbi con las dos durante más de una hora. Y mientras jugaba disfrutó de su primera tarde apacible en público desde el secuestro. ¿Cómo lo logró? Literalmente se «olvidó» del incidente porque cambió su enfoque del horror al juego y el deleite de las niñas. Estuvo tan absorta en lo que estaba haciendo que por un momento fue ajena a la gente que la rodeaba en la playa sin pensar en quién le resultaba repulsivo o potencialmente amenazante. A pesar de que consideré esto como un resultado muy positivo y una base para construir, Marsha tenía una perspectiva muy diferente. Se empeñó en pensamientos flagelantes al creer que por haberse ensimismado en el juego de frisbi había sido descuidada y había expuesto sin necesidad a sus hijas a un peligro potencial. Puesto que había bajado la guardia ellas podían estar en un grave peligro.

Sin embargo, empezó a entender que su ansiedad era realmente una elección. Ella podía enfocarse en su horrible experiencia y utilizar el ojo hipervigilante de un salvavidas o enfocarse en pasar un tiempo jugando con sus hijas. Dicho sucintamente, podía vivir su vida sobreprotegiéndolas de un peligro potencial o participando en sus vidas. Era su elección, ya que donde fuera que colocara su enfoque su energía sin duda lo seguiría.

Los investigadores han encontrado que mientras más grueso es el haz de fibras nerviosas que conectan a la amígdala y al córtex frontal, los niveles de ansiedad son más bajos; si el haz conector de fibras nerviosas no es tan grueso, el que responde es más ansioso.[19]

Herramienta para jardín 3
Elabora un plan

He aquí un pequeño secreto: la ansiedad se engendra en las tibias aguas del caos. Es decir, dondequiera que haya desorganización, descuido y/o carencia de estructura deberá esperarse un alto nivel de ansiedad. ¿Por qué? La ansiedad consiste en la percepción de una amenaza, y el caos es muy amenazante porque el peligro potencial es mayor cuando no tenemos señales de control sobre nuestras vidas. (Recuérdense el Capítulo 3 y el experimento del lugar de trabajo ruidoso).

[19] M. J. Kim, «The Structural Integrity», p. 37.

Kathleen se las arregló para subir más de 27 kilos antes de su cumpleaños 50. Después de haber sido una mujer encantadora que atraía a los hombres fácilmente, su aumento de peso la convenció de que era una persona que ya no valía la pena. De hecho, estaba tan avergonzada de su apariencia que no se atrevía a salir por miedo a que la gente la criticara. Y lo más extraordinario era que no tenía idea de qué hacer con su ansiedad social, así que se quedó en el deprimente santuario de su recámara devorando galletas, papas fritas y helados para consolarse.

Sin un plan, Kathleen inició una espiral descendente hacia una depresión clínica, además de su ansiedad. Necesitaba un poco de rumbo y una gran cantidad de estímulo. Ideamos un sencillo plan, que incluyó un programa de ejercicios, un endocrinólogo y un grupo de apoyo, además de nuestras sesiones de terapia semanales. Con la aparición de nuestro plan la ansiedad cayó en picada de manera significativa e inmediata.

Entonces, ¿por qué la gente no tiene más control sobre sus vidas y elabora listas, diseña sus días, hace planes? Por una parte, hacer planes consume tiempo. Pero por la otra, establecer un plan es también hacer una inversión, y una vez habiendo invertido somos más vulnerables ante la decepción y el fracaso. Si no se hace ningún plan, no se frustra ningún plan. Por consiguiente, debe existir la conciencia y la flexibilidad de que casi todos los planes deben revisarse a lo largo del camino en la medida en que se encuentren circunstancias de la vida no previstas. Debe tenerse en mente que la flexibilidad es importante para la salud mental así como para la salud física. En otras palabras, para reducir la ansiedad diseña un plan y después planea cambiar tu plan.

Herramienta para jardín 4
Aprende *la Plegaria de la serenidad*

Todos conocemos la *Plegaria de la serenidad*. Probablemente está imantada en tu refrigerador, como calcomanía en tu defensa y/o permanentemente grabada en el *hardware* de tu hipocampo (el centro de memoria de tu cerebro). A menudo he considerado esta oración como «salud mental en una cáscara de nuez». Debes soltar lo que no puedas cambiar, arreglar o controlar porque está fuera de tu control y por tanto no te pertenece de todos modos.

Pero con frecuencia la vida no es tan simple como tener dos categorías distintas: blanco o negro. En realidad, la mayor parte de los desafíos de la vida son una combinación de hacer cambios y aceptar lo inevitable.

Por ejemplo, la mayor parte de las personas se abstiene de realizar danzas rituales para que llueva o elevar rezos al «dios sol» porque tendemos a creer que el clima no es algo que podamos controlar, fijar o cambiar. Hay una frase célebre que afirma: «Todo el mundo habla sobre el clima pero nadie hace algo al respecto». Pero no es como si no se pudiera hacer nada respecto al clima. Podemos responder de manera apropiada al reporte sobre el clima del día poniéndonos un saco, llevando un paraguas, no saliendo, posponiendo los planes en el exterior —lo que resulte más apropiado—. Manejar bien el clima incluye entender que no está en mi mano su control pero sí es completamente mi responsabilidad responder a él.

¿Y no ocurre que cada estímulo o situación que enfrentas involucra una combinación de soltar y responder apropiadamente? Con seguridad no controlas el tráfico pero tú puedes decidir a qué hora salir para llegar al aeropuerto. Sin duda no controlas el mercado accionario pero tienes la capacidad de decidir dónde invertir tu dinero; y por si hubiera alguna duda, no controlas el comportamiento de tus hijos a pesar de que los eduques, disciplines, les insistas, les marques límites, los regañes, inicies interminables viajes de culpa, etcétera. No puedes controlar, puedes responder.

Todas las relaciones comparten ese mismo denominador común de ausencia de control sobre los otros, mientras controlas solo tu respuesta. Una de las historias más antiguas está registrada en el libro del *Génesis* en el Viejo Testamento de la Biblia. De acuerdo con el relato, Dios informa a Adán y Eva sobre sus libertades y restricciones en el Jardín del Edén. Se les advierte que no coman la «fruta prohibida». Y como todos sabemos, la primera pareja desobedeció las órdenes de Dios (como muchos de sus hijos), colocándolo en una posición en la que tenía que responder. De acuerdo con la historia, Dios responde imponiendo un castigo pero nunca se culpa a Sí mismo (una lección potencial para todos los padres).

Tal vez conocía la *Plegaria de la serenidad* y se concedió a Sí mismo la serenidad para aceptar Su impotencia sobre Sus hijos y el valor de responder con consecuencias. Tal vez por eso no leamos acerca de las visitas semanales de Dios a su loquero.

Escuchar música reduce el nivel de estrés de tu cuerpo y refuerza tu sistema inmune, demostrando que es más efectiva para disminuir los niveles de ansiedad que los medicamentos prescritos a los enfermos antes de una cirugía. «Escuchar y ejecutar música incrementa la producción en el cuerpo del anticuerpo inmunoglobulina A y de células asesinas naturales —las células que atacan a los virus invasores y estimulan la efectividad del sistema inmune—. La música también reduce los niveles de cortisol, la hormona del estrés».

No se ha determinado si los investigadores se atrevieron a incluir el *death metal*, el *gangsta*, el *rap* o a Justin Bieber en el estudio.[20]

[20] Dr. Daniel Levitin, «Discovered through a meta-analysis».

Herramienta para jardín 5

Domina tus herramientas de comunicación: comunicación y límites

Muy bien, entiendes que la ansiedad nace de las amenazas a las cosas que te importan. Y sabes que tu familia y tus seres queridos importan, entonces puedes deducir de manera natural que las relaciones contribuyen a un porcentaje significativo de tu ansiedad. Y ahora entiendes que no controlas a tus seres queridos, solo respondes ante ellos de manera apropiada.

Entonces es tiempo de introducir dos habilidades (herramientas) importantes para ayudarte a responder bien en todas tus relaciones: comunicación y límites.

Permíteme empezar planteando un desafío para *todas tus relaciones* de aquí en adelante: comunícate de manera excelente. Sé claro, conciso y ve al punto. Trátese de tu esposa, tu hijo, el cartero o tu amante, comunícate como si tu relación dependiera de ello. Con frecuencia así es. No dejes espacios en blanco para que otros los llenen con inexactitudes. Haz que se les dificulte a los demás malinterpretarte; expresa tus sentimientos en primera persona. Cada vez que sea adecuado sé claro respecto a cuán importante/amada/apreciada es la persona con la que estás hablando.

En segundo lugar, establece límites perfectos. Permite que las personas en tu vida sepan que si bien no las puedes controlar puedes, y lo harás, controlar tu respuesta a su comportamiento. Por ejemplo: «Llamaré a la policía si me vuelves a golpear». O «Todos los ensayos que se reciban después de la fecha límite tendrán una reducción en la calificación de un punto». ¿O qué tal: «No dormiré en la cama de alguien que ronca»? O incluso: «No perteneceré a un grupo que me tenga a mí como miembro».[21] Para una discusión más completa revisa el libro *Book of Boundaries* (El libro de los límites) de John Townsend.

La ansiedad, como ya se mencionó, es con frecuencia un subproducto del caos, de límites poco claros, de una comunicación deficiente, de la percepción del limbo y/o de la ausencia de control. Permíteme ser claro: cuando las cosas no están claras tienes más probabilidades de padecer ansiedad. Los enemigos de la ansiedad son la claridad y la organización.

Herramienta para jardín 6
Actúa como la persona más sana del mundo

Con suerte ya estás totalmente consciente de la importancia de la flexibilidad para reducir la ansiedad. Me gustaría también argumentar a favor de la solución de problemas. Nada sofisticado, solo una anticuada lluvia de ideas para resolver las cuestiones importantes en tu vida. A veces no hay soluciones sencillas para mejorar problemas antiguos. Muchas veces la única solución es ser flexible con aquellos aspectos de la vida que son simplemente irresolubles.

Permíteme ilustrar qué actitud, en mi opinión, sintetiza el pensamiento saludable. La obra de teatro de Neil Simon, *Brighton Beach Memoirs* (Memorias de Brighton Beach), retrata a una familia judioamericana, los Jerome, que viven en Brooklyn alrededor de 1937. Como sabemos, Adolfo Hitler estaba a la mitad de su reinado de terror en esa época. Los Jerome reciben un telegrama de una familia angustiada que vive en Europa y que intenta escapar a Estados Unidos antes de que sea demasiado tarde. Después de leer el telegrama, la señora Jerome echa una mirada a su diminuta casa y le pregunta a su marido con una voz ansiosa:

---

[21] Con el debido respeto a Groucho Marx, con gusto perteneceré a cualquier grupo al que él haya pertenecido, excepto al grupo de gente ya muerta.

«¿Dónde los metemos?». Su esposo responde como si fuera la persona más saludable del mundo (es decir, alguien que se adapta adecuadamente a los cambios y desafíos de su entorno sin importar el origen) y solo dice: «Haremos lo que tengamos que hacer».

Eso es. Nada más. ¿Por qué recuerdo ese diálogo más de 20 años después de haber visto la obra en Broadway? Porque el señor Jerome respondió lo que la persona más saludable del mundo diría y haría. No podía contestar la carta y decir: «Tenemos una casa muy pequeña. ¡Qué pena por su suerte!». No, ellos deben venir, todos, como sea que puedan hacerlo. Ya nos arreglaremos. No conozco a la persona más saludable del mundo pero estoy seguro de que su respuesta sería positiva, alentadora, realista y solucionaría los problemas.

También sé que mis pacientes, cuando les digo que les acabo de inyectar a la persona más saludable del mundo, se vuelven más racionales, más lógicos y menos abrumados por su ansiedad. Parecen descubrir un depósito de conocimientos saludables de solución de problemas y son capaces de emplear ese depósito rápidamente. Curiosamente, momentos antes carecían de respuestas saludables, principalmente porque se veían a sí mismos como incapaces y abrumados. Al inyectarles a la «persona más saludable del mundo» se asombran de su transformación en alguien que puede erguirse para enfrentar el reto después de todo. ¿Por qué? Porque además de la habilidad para encontrar talentos para solucionar problemas, los súbitamente saludables también tropiezan con la confianza que acompaña al pensamiento racional. Y la confianza, estoy seguro de que lo sabes, reduce la percepción de amenaza y, por tanto, la experiencia de ansiedad.

Herramienta para jardín 7
Nombra tus miedos

¿Entonces cuál es la diferencia entre ansiedad y miedo? Teóricamente es simple: la ansiedad generalmente es cuando tu malestar se refiere a algo vago y futuro, en tanto que el miedo implica un sentimiento más intenso que es específico y está en el presente. Para mí, las palabras y las experiencias son intercambiables.

Por lo tanto, la siguiente herramienta tiene que ver con la habilidad de tomar el vago temor de la ansiedad y convertirlo en un número de preocupaciones específicas. Permíteme ilustrar lo anterior. Roger es un profesionista de mediana edad que una tarde estaba ocupado en sus asuntos pero a pesar de ello se las arregló para ser testigo de un violento crimen. Como si eso no fuera lo suficientemente traumático, al pobre de Roger se le informó que tendría que testificar en la corte sobre lo que había visto. El solo pensamiento de sentarse en el banquillo de los testigos era suficiente para que sumirlo en el pánico y mandarlo a mi consultorio.

Uno de los métodos que empleé con Roger fue pedirle que dijera en voz alta específicamente todo lo que lo hacía sentirse temeroso/ansioso. Como puedes imaginar, sus miedos se centraban en que un gran tiburón blanco ataviado con un traje de abogado lo hiciera quedar como un tonto en el estrado. Entonces guie a Roger, paso a paso, si bien dolorosamente, a lo largo de los eventos y comportamientos de su futura cita para testificar en la corte. Mi cantaleta sonaba a algo así: «Esa mañana, al levantarte, vas a ir a orinar. Haz hecho esto anteriormente, ¿no es así? Después te lavarás los dientes. Lo puedes hacer, ¿verdad? Te puedes vestir por ti mismo, ¿no es así?».

Y así íbamos paso a paso: manejando, estacionándose, subiendo las escaleras del juzgado, levantando la mano derecha y escuchando las instrucciones del alguacil. Y después el asunto principal. «Ambos abogados te harán preguntas. Anteriormente respondiste las preguntas honradamente, ¿correcto? Y podrán hacerte algunas que no sabes o no recuerdas; ¿entonces qué respondes?».

—No lo sé o no lo recuerdo.

—¡Muy bien! Eso es. Eso es todo lo que tienes que hacer. No hay que estudiar. No hay que actuar. No es una presentación. Solo responde sus preguntas honradamente y estarás bien.

Estaba empleando una técnica conductual conocida como Guía anticipatoria. Dicha técnica te permite anticipar lo que puede ocurrir en cualquier situación dada y después preparar la manera en la que responderás. Por ejemplo: «Si veo a mi ex en la ópera con su nueva novia sonreiré, saludaré y después les desearé el bien».

¿Colocar en tu muñeca una banda elástica te ayuda a detener el tren de pensamientos negativos? De acuerdo con la investigación, no mucho. De hecho, esta técnica terapéutica a menudo prescrita puede en realidad provocar que ocurra lo opuesto si intentas suprimir tus pensamientos. Pueden regresar con mayor frecuencia y con más poder. ¿Qué hacer? Aceptar el pensamiento y después acompañarlo a la puerta de tu mente y dejarlo ir. Si regresa, vuelve a hacer lo mismo otra vez.[22]

Roger se sintió aliviado —y un poco avergonzado— cuando se dio cuenta de que era un caso perdido respecto a lo que parecían ser actividades sencillas que él lleva a cabo ritual y competentemente en su vida diaria. En cierto punto incluso sonrió y admitió: «Yo respondo a preguntas más difíciles que esas todos los días: ¡soy un hombre casado!».

[22] «Myth-Conceptions», or Common Fabrications, Fibs, and Folklore *About Anxiety, Anxiety and Depression Association of America.*

Pero, ¿de qué manera ayuda nombrar específicamente tus miedos? De acuerdo con la investigación, la simple expresión de tus sentimientos reduce la angustia subjetiva.[23] Sin duda, el darte cuenta de que tus miedos son benignos y no tienen dientes reduce más tu angustia subjetiva. Y eso, por supuesto, es una sofisticada manera de decir: cuando caes en la cuenta de que tus problemas no son reales puedes liberar tu ansiedad.

HERRAMIENTA PARA JARDÍN 8
EJERCICIO

A menos de que hagas ejercicio regularmente, probablemente estés cansado de oír hablar de él (cuando deberías estar cansado de hacerlo). Perdón, pero vas a volver a leer sobre él. ¿Por qué? Porque no puedo pensar en otra cosa que sea universalmente aceptada como el ejercicio. Puedes debatir los beneficios de consumir leche, de creer en Dios, incluso de usar bloqueador solar, pero nadie debate la importancia del ejercicio.

Si imprimieras un trozo de papel por cada estudio que demostró los beneficios del ejercicio para algo o alguien —longevidad, digestión, funcionamiento cardiaco, control de peso, sueño, tratamiento de la depresión, diabetes, dolor crónico, y así sucesivamente— podrías llenar todo un gimnasio con papel. (Inventé esta última parte porque suena impactante, pero entiendes el punto).

Y por cierto, la reducción de la ansiedad aparece también en esa lista. De acuerdo con mayoclinic.com, el ejercicio disminuye la ansiedad al liberar «sustancias químicas que hacen sentir bien al cerebro», incluyendo neurotransmisores y endorfinas.[24] También, parece que el ejercicio reduce sustancias químicas inmunes que

---

[23] Kathleen Romto, *Stress Management*. Healthwise, Inc., 2013.
[24] Mayoclinic.com, «Depression and Anxiety», 2008.

pueden empeorar la depresión y la ansiedad y aumenta la temperatura corporal, lo que puede tener efectos calmantes. Se ha dicho que el ejercicio literalmente te obliga a relajarte.

Por supuesto, existen numerosos beneficios psicológicos también. Cumplir metas y desafíos, perder peso y ponerse en forma, todo contribuye a aumentar la confianza y la autoestima, lo que, evidentemente, sirve para reducir la ansiedad. Más aún, el ejercicio puede promover una mejor vida social al ponerte en contacto con otros vagos de sofá en recuperación, lo que también promueve el bienestar y disminuye la ansiedad. Por último, el ejercicio es una fantástica habilidad de afrontamiento porque trabaja de inmediato para reducir los síntomas de estrés y de ansiedad.

¿Qué hacer? Primero, acude con tu médico. Cuando te den luz verde la recomendación es muy simple. Haz lo que sea más probable que continuarás haciendo. Caminar es lo más fácil porque solo se necesita que tengas los dos pies en el suelo, pero la natación, correr, el levantamiento de pesas, pilates, esquiar, hacer malabares y el basquetbol son también buenos.

Ahora, he aquí algo que no volverás a leer en todo el libro: ¡cierra el libro y vete a dar un paseo! Aquí estaré cuando regreses.

Herramienta para jardín 9
Derrota a la preocupación con la fe

La preocupación es como una mecedora:
te da algo que hacer pero no te lleva a ninguna parte.
Erma Bombeck

Como mencioné en el Capítulo 3 de *Your Mind: An Owner's Manual For a Better Life*, la preocupación es una mentalidad/comportamiento en la que la gente se involucra porque hay una recompensa. Que puede llegar a ti como una sorpresa porque racionalmente sabes que el pensamiento angustiante genera ansiedad y aflicción y no te permite lograr nada positivo.

Pero como lo plantea Erma Bombeck, la preocupación te proporciona algo que hacer y te mantiene con el problema a mano. El liberar la preocupación, como vimos en la historia de Joan en el Capítulo 3, contribuye a sentirse vulnerable. Es decir, la preocupación nos hace sentir como si tuviéramos un escudo protector.

Pero hay otro beneficio de la actividad de preocuparse: funciona. No, no realmente. Solo se siente como si funcionara. Incluyamos otra cita sobre la preocupación: «Algunas de las peores cosas de mi vida nunca ocurrieron». Todos podemos hablar de horribles resultados que nunca ocurrieron. Y, de acuerdo con los psicólogos, dos cosas que ocurren a la par están asociadas. A esto se le llama la Ley de asociaciones. Entonces, si te preocupas por dar positivo en tu examen de la próstata y los resultados son negativos, obtienes una recompensa por tu preocupación. Tu preocupación ahora está asociada a los resultados deseados de una prueba sin cáncer. Y los psicólogos también te recordarán esto: un comportamiento que conduce a un resultado positivo es muy probable que se repita. Dicho de manera sencilla: te preocupas y no ocurre nada malo. Parecería como si tu preocupación hubiera sido la que mantuvo a raya el resultado negativo. De manera que te vuelves a preocupar una y otra vez y sigues creyendo que estás contribuyendo en realidad a los resultados deseados. Pronto te preocupas por virtualmente todo.

Un estudio que duró dos semestres en estudiantes de universidad encontró que la práctica de la meditación disminuyó significativamente sus niveles de estrés. El estudio también halló una reducción importante en sus niveles de ansiedad así como en su mentalidad perfeccionista. Sugerimos que le enseñen a los niños a relajarse y meditar incluso antes de que dominen el ir al baño.[25]

---

[25] J. Burns, «The effect of meditation», pp. 132-144.

Pero la preocupación no funciona. En realidad eleva tu presión arterial, incrementa el nivel de cortisol[26] (la hormona del estrés que contribuye al, entre otras cosas, flagelo de la grasa abdominal) y genera largos días infelices y noches insomnes. Y, con el perdón de nuestras mamás, vuelve locos a tus hijos.

Pero ¿qué puedes hacer para liberarte de la preocupación? Otra vez, los psicólogos te dirán que nunca le quites algo a una persona sin que lo reemplaces con otra cosa. (Esta es la razón por la que después de un rompimiento doloroso un cachorro maltés puede ser de mucha ayuda).

Entonces pretendemos reemplazar tu preocupación con fe. ¿Fe en qué? te preguntarás. Fe en cualquier cosa que te ayude a liberarte de tu preocupación. He aquí cuatro tipos:

1. **Fe en Dios** o en lo que tú llames el Ser Supremo. Las personas de fe judeocristiana, por ejemplo, tienen innumerables promesas del Antiguo y el Nuevo Testamentos que en esencia dicen que tu preocupación es inútil, que confíes en Dios, quien tiene el amor y el poder de proteger a los pájaros y a los lirios, proveer todas tus necesidades, perdonar todos tus pecados, enderezar tu camino, sanar tus enfermedades físicas, ofrecerte la vida eterna, y así sucesivamente.[27] Piensa en un comercial de Alístate. Estás en las manos gigantescas y protectoras del Dios viviente que te ama más de lo que tú amas a tus hijos. Así, ¿de qué preocuparse? La investigación demuestra que las personas de fe enfrentan mejor la muerte, son más alegres, se recuperan más rápido de las enfermedades. La única excepción son las personas que ven a Dios como colérico y punitivo.

---

[26] J. Burns, *Ibid.*

[27] Proverbios 3:5:6; Mateo 6:14 y 15; Mateo 6:26-34; Jeremías 30:17; 1 Juan 1:9; 1 Juan 2:25; Juan 17:3; Juan 3:16; 1 Pedro 5:10.

2. **Fe en el destino**. Las personas que creen en el destino dicen cosas como: «Ya se resolverá». O: «Las cosas siempre ocurren por una razón». O incluso: «Todo se regresa». Creen que puesto que no hacen cosas que dañen a los demás, al final todo estará bien. Pero, ¿es acertado? No importa. El hecho de creer es todo lo que importa para reducir/eliminar la ansiedad. Igualmente, incluso si las personas de fe que se mencionaron antes están equivocadas sobre la existencia de Dios, aun así la creencia les ayuda a mitigar su ansiedad.
3. **Fe en los otros.** Debo admitir que no tengo conocimientos/habilidades sobre aviación, pero vuelo fácil y confortablemente. Y lo hago porque confío en los conocimientos/habilidades del piloto comercial y en su tripulación de aire y tierra. No sabría qué hacer para aterrizar el jet jumbo si estuviera en peligro, pero creo que la gente que está en la cabina de mando sí lo sabe. Irónicamente, llego tan a salvo como la persona que está sentada junto a mí y que se ha preocupado desde Nueva York hasta Florida. La única diferencia es que atribuimos nuestro viaje y aterrizaje a salvo a diferentes causas: yo a la capacidad del piloto, mi vecino(a) a su preocupación.
4. **Fe en uno mismo.** Hay personas que jamás invierten un ápice de energía en preocuparse porque creen que son lo suficientemente inteligentes y competentes para manejar cualquier cosa que la vida les ponga enfrente. Insisten en que si otros siete mil millones de personas sobreviven en menor o mayor medida, ellas también lo pueden hacer.

Permíteme ilustrar cómo trabaja la confianza en uno mismo. Le pregunté a un amigo si estaría dispuesto a hacerme un favor. Tengo un paquete que necesito entregar en la Calle 14 de Palmetto (una pequeña ciudad a treinta minutos de donde me encuentro que nadie parece visitar). Le digo a mi amigo que es tan importante para mí que le pagaré 100 dólares por la molestia. Él está de acuerdo. Entonces se me ocurre preguntarle: «¿Alguna vez has estado en la Calle 14 de Palmetto?». Me responde que no. Le pregunto qué lo hace tener la seguridad de que puede entregar mi paquete correctamente si nunca ha estado en esa dirección. Simplemente me dice: «Manejo desde los 16 años. Sé cómo manejar en carretera. Puedo seguir instrucciones. Incluso tengo un GPS en mi coche. Sé cómo seguir sus indicaciones».

Para poder liberarte de la preocupación debes tener fe en algo o en alguien, incluso si se trata de ti.

Herramienta para jardín 10
Vive en el «POG» (Perdón, Optimismo y Gratitud)

Hubo un tiempo, no hace mucho, cuando los psicólogos parecían estudiar solo a personas infelices o enfermas mentales. Entonces vino un movimiento, encabezado por Martin Seligman y otros, en el que se puso de moda estudiar a las personas felices/bien y encontrar qué las hace ser así. Y ahora, después de más o menos 30 años de «psicología positiva», tenemos una abundante investigación sobre cómo piensa la gente feliz y qué hace para mantenerse alejada de la ansiedad y la depresión.

El perdón

A menos de que alguien como tú se preocupe un montón,
nada se va a componer. No lo hará.
Dr. Seuss

Empecemos con el perdón. Las personas saludables y alegres tienden a perdonar (soltar) todo. Se liberan de todos los resentimientos, remordimientos y no llevan consigo ningún rastro de amargura. ¿Cómo influye esto? Las personas amargadas tienden a morir más jóvenes que sus contrapartes que no lo son. También están más propensas a incrementar sus niveles de cortisol, tener problemas cardiacos, derrames cerebrales, depresión clínica y, sí, incluso trastornos de ansiedad. Aferrarse al resentimiento mantiene la respuesta de estrés en lugar de permitir al individuo regresar a un estado normal de autocontrol y equilibrio. Hay que recordar que la paz, el opuesto de la ansiedad, es el resultado de la aceptación y de soltar. El resentimiento, la amargura y los remordimientos siempre producirán confusión y ansiedad, nunca paz.

Así que asegúrate de que absorbes este importante mensaje: el soltar no está supeditado a lo que alguien te hizo. Cualquier cosa que lleves encima, desde una pequeña desilusión a una ira asesina, nunca encontrarás paz hasta que superes tu dolor y sueltes tu resentimiento.

Optimismo

¿Conoces a esas molestas personas que siempre están diciendo: «Todo está bien», «Todo ocurre por alguna razón» y «Al final las cosas se resuelven»? Bueno, pues resulta que no están tan erradas. Las personas optimistas viven más tiempo, son sistemáticamente más felices, se recuperan más pronto de las enfermedades y, sí, adivinaste, sufren de menos ansiedad. La primera vez que supe esto cambié mi cantaleta como padre: ahora le digo a mi hija de seis años, Melina: «Eres una excelente oyente un poco más de 10% del tiempo».

Es realmente muy fácil de entender: cuando crees que las cosas van a funcionar en el futuro no te enfocas en amenazas potenciales. Y, así como para este momento ya te sabes muy bien tu nombre, también sabes que la percepción de amenaza es la que genera ansiedad. No la convicción de que todo va a estar bien.

O de que todo será perdonado. O de que él o ella nunca quisieron herirte, o de que tu papá está en el cielo. Estas creencias optimistas pueden no ser más que ilusiones sin ninguna base real, pero no importa. Creer en ellas «las hace ser» (como William Shakespeare observó hace cientos de años). Por lo menos hasta donde tu sistema nervioso te lo permita.

Aún más, puedes aprender a pensar de manera optimista. Incluso aunque no hayas expulsado un solo pensamiento optimista en tu vida puedes aprender a hacerlo. Lee el libro de Martin Seligman *Learned Optimism* (Optimismo aprendido). Te encantará. Estoy seguro.

La gratitud

Fran tiene 67 años y jamás ha tenido una cita en su vida. No es porque ella no haya querido, es porque nadie se lo ha pedido nunca. Verás, Fran nació con unas deformidades faciales que le dan una apariencia antiestética. De niña se burlaron de ella y la acosaron y ha pasado por innumerables operaciones en los ojos para corregir su visión. En suma, su vida no ha sido fácil, y por todos los indicios ha estado muy sola.

Pero al escuchar a Fran narrar esto pensarías que Dios siempre le sonrió. Su gratitud por lo que tiene es emocionante: está agradecida por su trabajo, su salud, sus buenos padres, su recuperación de su problema con la bebida, su impresionantemente guapo psicólogo, etcétera.

Y la gratitud, como el perdón y el optimismo, tienen una abundante investigación que reconoce su importancia: las personas agradecidas son más felices, viven más tiempo, hacen más dinero, tienen la presión arterial más baja y, por supuesto, tienen menos ansiedad. Su enfoque está en cuán bendecidas han sido en el momento y no en cuán amenazador parece su futuro. Además, si Dios ha derramado su favor sobre ellas toda la vida, ¿por qué habría de dejarlo de hacer ahora?

Herramienta para jardín 11
Eliminar todo conflicto

Allá en los locos años veinte, en 1924, un escritor estadounidense llamado Max Ehrmann escribió el poema ya clásico *Desiderata* (Las cosas deseadas). La disquisición empezaba con una cita tomada de la *Epístola a los romanos* del apóstol san Pablo: «Si es posible, en cuanto dependa de vosotros, estad en paz con todos los hombres». Suena poco realista, estoy seguro, estar en paz con todo el mundo, desde tu suegra hasta el novio de tu hija con *piercings* en los pezones.

Pero es verdad. Ahora sabemos que el conflicto, el opuesto de la paz y la tranquilidad, es dañino para el cuerpo, no solo para el alma. Médicos de urgencias informan que muchos infartos al miocardio muy serios e incluso fatales fueron consecuencia de discusiones en casa. De igual manera, los veteranos de guerra tienen más problemas fisiológicos y psicológicos cuando se exponen al combate. Incluso los hijos de divorciados tienen mayores probabilidades de padecer problemas emocionales y enfermedades psiquiátricas cuando se ven expuestos a conflictos constantes entre sus padres. De hecho, el conflicto entre los padres es el único gran pronosticador de patología en hijos de divorciados.

Todo lo anterior afirma básicamente que el conflicto es malo para tu corazón, tu mente y tu alma. Y es innecesario decirlo, el conflicto alimenta a la ansiedad porque excita el sistema nervioso e induce la respuesta de estrés al igual que otra amenaza que se perciba. Por supuesto, el opuesto del conflicto es la paz, que también es lo contrario de la ansiedad. Y te preguntarás: ¿cómo logramos la paz? Con aceptación.

Una vez más, todo lo que no puedas cambiar, arreglar o controlar tiene que ser abordado con una sobria y saludable actitud de aceptación.

¿Alguna vez es tiempo de conflicto? Por supuesto. Hablando históricamente, sin conflicto no habría paz. Pero a la mayoría de los conflictos más vale no moverles. Desde un desaire hasta el conductor que escribe un texto e invade tu carril, muy pocas veces vale la pena iniciar una escaramuza. Elige tus batallas sabiamente; respecto a todo lo demás, déjalo ir y acepta.

Herramienta para jardín 12
Sé como el Hombre Araña

En caso de que no lo hayas observado, los superhéroes predominan en nuestra sociedad. Aparecen con frecuencia en cómics, en la televisión y en la pantalla grande. Desde Batman hasta Superman, estamos inundados de batallas épicas entre el bien y el mal.

Pero casi todos los superhéroes tienen una cosa en común (además de un maravilloso valet) —llevan un vida normal como civiles—: ya se trate de un limpiabotas (Supercán), Dick Grayson (Robin) o Peter Parker (el Hombre Araña), todos ellos tienen la habilidad de dejar los triunfos y desafíos del superhéroe en el cajón con sus capuchas, máscaras y sus fantásticas mallas. Es decir, se ocupan de su trabajo y de las responsabilidades de su familia hasta que es tiempo de vestir sus colores y su espíritu de lucha contra el crimen.

Lo mismo deberías hacer tú.

Si quieres triunfar sobre tu ansiedad es aconsejable dejar tus asuntos personales en el estacionamiento y asumir tu estatus de superhéroe en el momento en el que entras en tu entorno como enfermera, entrenador personal o pastor de la juventud. Es decir, no deseo que mi neurocirujano repase su pleito matutino con su socio mientras escarba en mi cuerpo calloso. De igual manera, mi abogada defensora no me haría justicia si estuviera preocupada por su embargo hipotecario en lugar de por mi protección.

El superhéroe conocido como tú debe a su patrón, clientes y familia la misma disciplina de despojarte de los problemas del trabajo junto con tu uniforme. Asimismo, tus asuntos personales no pertenecen a tu trabajo. Tu jefe te paga para que te enfoques en los retos del trabajo y no en los domésticos. Es sumamente poco profesional contaminar tus obligaciones laborales con las preocupaciones personales.

Piensa en tus compañeros de trabajo: ¿admiras a la mujer que se queja incesantemente de su perezoso marido mientras rinde muy poco en el trabajo? ¿Cuánto te irrita que tu compañero de trabajo se pase la jornada laboral arañando las paredes? (A menos de que *sea* el Hombre Araña).

Tomar el control de tu enfoque (ver Herramienta 2) te ayudará a aumentar tu productividad y a manejar tu ansiedad.

Herramienta para jardín 13
Localiza tus alternativas

Como verás en el Capítulo 6, gran parte de los ataques de pánico nacen de la percepción de estar atrapado (o de percibir al yo abrumado). Y, como repaso, percibir o creer que estás atrapado es todo lo que se necesita para desencadenar un mensaje para que tu amígdala dispare el botón de ansiedad/pánico (véase Capítulo 1). Recuerda, la realidad es intrascendente; tu sistema nervioso sigue a tus percepciones, no a los hechos.

Así que hablemos sobre estar entrampado, la percepción de estar atorado o atrapado. A menos de que seas prisionero de guerra, probablemente no estás atrapado. El gran Viktor Frankl, un conocido sobreviviente de los campos de concentración nazis, escribió: «Al hombre se le puede arrebatar todo salvo una cosa, la última de las libertades humanas: la elección de la actitud personal ante un conjunto de circunstancias para decidir su propio camino».[28]

---

[28] Viktor Frankl, *Man's Search for Meaning* [El hombre en busca de sentido], New York, 2006.

Tu sensación de estar atrapado se afirma sobre una elección que hiciste y que continúas haciendo. Puedes abandonar tu trabajo, tu relación o tu mentalidad si fuera necesario. Claro, habría malestar y/o que hacer sacrificios, pero enfrentémoslo, virtualmente siempre hay una salida, si no es que hay más de una.

Me gustaría tener un dólar por cada historia que he escuchado de alguien que continúa con su boda a pesar de la convicción de que las inminentes nupcias son un grave error. ¿Por qué? Porque ya se habían dado anticipos, las invitaciones se habían enviado y la gente estaba llegando de Cheboygan. Pero ¿estaban atrapados o se trataba más bien de evitar la vergüenza y la humillación? Claro, el anticipo desaparecería, pero no hace falta decir que todo eso palidece frente al anticipo de un abogado de divorcios. La verdad es que es muy raro que exista una trampa infranqueable.

Randi me cuenta que está aprendiendo a dominar la herramienta de encontrar alternativas. Tiene uno de esos esposos que con frecuencia se alteran con el resto de los conductores porque todos esos «pen****s» no manejan tan bien como él. Grita, insulta y amenaza con concertar una cita con su creador antes del día señalado. Durante años Randi fue víctima de sus berrinches adultos, absorbiendo el veneno que estaba destinado a todos esos a quienes tocaba el claxon como humo de segunda mano.

Hasta hace poco. Randi descubrió que no tenía que viajar con su esposo; ya era una niña grande y podía manejar su propio auto. Pero su esposo no soportaba que ella manejara al mismo destino por su lado —especialmente con la gasolina a cuatro dólares el galón—[29] así que prometió reformarse. La única vez que recayó fue cuando le reemplazaron la rodilla y tuvo que volver a depender de él temporalmente. Pero Randi estuvo a la altura una

[29] Un galón equivale a 3.8917 litros. (*N. de la T.*)

vez más e imaginó un método diferente para encontrar una alternativa que le permitiera eludirlo. Prefirió perderse en el ritmo de la música y no en el sonido de su alucinado desvarío: empezó a canturrear la música de su viejo álbum favorito y desaparecer de su mal comportamiento.

Esta fue una preparación excelente para lo que siguió: las primeras vacaciones de Randi en dos años se postergaron cuando el piloto anunció que habría un «ligero retraso» antes de despegar a causa de «cuestiones mecánicas». Ese ligero retraso duró cerca de ocho horas y culminó en una gama de respuestas humanas (de parte de los otros pasajeros) que fue de los alaridos y gritos a dormir la siesta y roncar. Pero Randi, mi paciente que siempre percibía estar atrapada, ahora estaba preparada para encontrar alternativas. Su actitud incluía pensamientos como: «Estoy bien y finalmente llegaremos a nuestro destino. Tengo alternativas: puedo leer, dormir, platicar o incluso ponerme al día con mis correos electrónicos». Inclusive se sorprendió a sí misma teniendo pensamientos de gratitud como: «Gracias a Dios estoy de vacaciones y tengo el tiempo. Es muy bueno que haya comida y bebida y dos personas agradables junto a mí con quienes platicar. Estaré bien».

Sorprendente: ocho horas en un avión detenido y ningún ataque de pánico. ¿Por qué? Porque Randi encontró muchas alternativas.

Herramienta para jardín 14

¡Respira!

Probablemente no sabes cómo respirar. Ya lo sé, lo has estado haciendo desde tu primer aliento. Pero si eres propenso a la ansiedad o especialmente al pánico, necesitas aprender a mejorar el único comportamiento que creías que dominabas desde el principio.

La mayoría de las personas no pone atención a su respiración. Tú puedes ser una de ellas. Tienes otras cosas importantes por las que preocuparte. Tal vez aprendiste a fijarte en tu respiración cuando estabas aprendiendo a nadar o a tocar un instrumento de viento en la escuela. En esos casos la regulación de tu respiración es obviamente importante. Cuando estás bajo el agua siempre es mejor evitar inhalar.

Como se vio anteriormente, cuando estás en modo pelear o huir tu respiración se acelera a respiraciones poco profundas, lo que se conoce como hiperventilación. Cuando respiras así tiendes a utilizar tus hombros para mover el aire adentro y afuera de tus pulmones. A pesar de que esto puede funcionar muy bien en un plazo corto, puede caer dentro del ciclo de síntomas que generan —o que se perciben como— ansiedad. Mover tus hombros de esta manera aumenta la tensión. La tensión muscular puede ser resultado de la ansiedad y puede también provocar que tu cerebro se prepare para una amenaza. Asimismo, esta forma de hiperventilar hace que los bajos niveles en sangre de dióxido de carbono y de CO_2 envíen señales a tu cuerpo para que respire aún más. Por supuesto, continuar respirando de esa manera sencillamente alimenta el problema. Por consiguiente, se establece un círculo vicioso. De hecho, respirar así hace que sientas que vas a perder el conocimiento o a desmayarte, provocando síntomas que incluyen mareo, aturdimiento, debilidad, ahogo, sensación de inestabilidad, espasmos musculares en manos y pies y cosquilleo alrededor de tu boca y en las puntas de los dedos.

Más que respirar entrecortadamente —o empleando las partes superiores de tu cuerpo como pecho y hombros— hacerlo desde tu diafragma (no, no el aparato anticonceptivo, eso sería incómodo) te permitirá alcanzar un nivel de oxígeno apropiado y saludable en tu torrente sanguíneo. Tu diafragma es un músculo que separa el pecho del abdomen. Te lo puedes imaginar como un músculo que está hasta abajo de tus costillas. Su función es muy básica: cuando se contrae se tensa. Cuando eso ocurre parecería que jala tus pulmones hacia abajo y abre tu vía respiratoria, haciendo que el aire fluya a tus pulmones. Cuando el diafragma se relaja o se suelta, la presión hacia abajo se libera y el aire de tus pulmones sale naturalmente. Esto, a su vez, previene o contrarresta síntomas como tensión en los hombros, mareo y falta de respiración. Esto es importante porque estos síntomas no son solo expresiones físicas de ansiedad sino que también son señales para tu cerebro. Otra vez, algo está terriblemente mal y te tienes que preparar. ¡Hay una amenaza inminente!

A la respiración diafragmática también se le conoce con otros nombres como respiración de vientre, respiración abdominal y respiración profunda. Posiblemente se te aconsejó hacer una respiración profunda a través de la nariz durante determinado tiempo y después exhalar durante determinado tiempo. Sin duda ese es un principio, pero para llegar a ser bueno en la respiración profunda se requiere práctica.

Aprender a respirar profundamente puede parecer tonto o complicado. Muchas personas se han pasado la vida contrayendo su abdomen, así que te puede llevar un tiempo acostumbrarte a respirar de manera que el vientre sobresalga o se haga prominente. He aquí la manera de convertirse en un respirador de abdomen:

Práctica para la respiración diafragmática

1. Busca un lugar silencioso donde puedas practicar y acostarte sobre una superficie plana. Verás que colocar una almohada o una toalla enrollada atrás de tus rodillas hace que la postura sea más cómoda. Hazlo si eso te ayuda.
2. Coloca una mano sobre la parte alta de tu pecho y la otra sobre tu abdomen. Un punto para empezar es entre las costillas y el ombligo.

3. Cierra los ojos y haz una lenta inhalación con la nariz y expande tu abdomen mientras respiras.
4. Notarás que la mano sobre tu pecho casi no se mueve mientras que la mano sobre tu abdomen se eleva un poco.
5. Haz una pausa como harías normalmente cuando respiras y después aprieta los músculos de tu abdomen y exhala lentamente, permitiendo que el aire salga suavemente por tu boca.
6. Observarás que la mano que está sobre tu pecho se movió muy poco en tanto que la mano sobre tu vientre se cayó.
7. Detente naturalmente y después repite los pasos 3 al 6.
8. Ensaya este ejercicio hasta que te sientas cómodo y te sea natural respirar de esta manera. Podrías utilizar una regla (desde el esternón hasta el ombligo) o colocar un libro donde tenías la mano cuando empezaste. Ejercitarte con estos objetos puede ayudarte a ver, así como a sentir, el resultado de esta práctica.

Herramienta para jardín 15

¡Limpia tu m****a del piso!

Sin duda, en algún momento de tu vida te has cambiado de casa o de oficina. Con cada cambio viene una reubicación de cosas. De muchas cosas. Haces lo mejor que puedes para colocar todas tus cosas antiguas en el nuevo espacio. Pero invariablemente hay algo que se quedó que no tiene una ubicación definida. ¿Y qué le ocurre a este algo? Termina en el piso a la espera de encontrar su espacio final. Vas y vienes sobre este algo, se convierte en una molestia para los ojos y está justamente en medio del paso. Pero todavía no sabes qué hacer con él.

Las relaciones son iguales, hay asuntos sin resolver que están en el piso de tu sociedad privándote de una conexión feliz y contribuyendo a una ansiedad innecesaria. Veamos el ejemplo de Shawn y Denise, una pareja casada desde hace 14 años que aún lucha con los mismos problemas de intimidad que dominaron el año de su luna de miel. Congruente con el inmemorial estereotipo, a Shawn le gustaría tener intimidad dos o tres veces por semana; a Denise le bastaría el programa de la luna llena —una vez al mes le parece bien—. No es un problema impactante y exclusivo, pero sí representa una fuente de aflicción y ansiedad para ambos. Shawn evita sacar a colación el tema del sexo por temor al rechazo y después se molesta con Denise por su ansiedad y por herir sus sentimientos. Denise evita responder al cariño de Shawn por temor a que todo afecto sea simplemente precursor de la relación sexual. Naturalmente, eso contribuye a que Shawn se sienta rechazado, herido y vuelva a una furiosa abstinencia con Denise. Y así sucesivamente, un círculo vicioso que no tiene una solución inmediata a la vista. Ambas partes se sienten (correctamente) víctima de la otra. ¿Y quién quiere tener intimidad cuando estás resentido con tu esposa tan profundamente?

Mi recomendación a la pareja es el mismo consejo que le di a los de la mudanza: quita tus cosas del piso y colócalas en algún lugar. Donde sea. Accede a algo. Ten intimidad una vez a la semana un día fijo. Sé afectuoso y cálido todos los días. Involúcrate en una gratificante intimidad cada vez que sea posible. Idea algo. Pero en cualquier caso busca resolver problemas antiguos. Aléjalos. Porque cada artículo que quites del piso contiene una promesa de solución, esperanza y una reducción en la ansiedad.

Herramienta para jardín 16

Sé el amo de las palabras difíciles

Para todos aquellos a los que se les ha calificado con una palabra difícil, anímense. Es hora de aprender a dominar sus palabras difíciles. La ansiedad es, por supuesto, una palabra difícil. Pero eso ya lo saben. Para dominar tu ansiedad he aquí otras palabras difíciles sobre las que será necesario triunfar.

Podemos empezar con la evasión, la Darth Vader de las palabras difíciles cuando se trata de la ansiedad. Todo comportamiento humano tiene un propósito, está orientado hacia un objetivo y satisface una necesidad particular o sencillamente no se repetiría. Y eso incluye la evasión. ¿De qué manera la evasión llega a lo más alto de tu arsenal conductual? Como ya sabes a estas alturas, cada vez que enfrentas una situación que está vinculada a pensamientos de amenaza o de percepción de peligro existen sentimientos y síntomas de ansiedad. Pero si te las puedes arreglar para pensar en una manera de evitar un encuentro con tu peor enemigo (un examen de cálculo, el tráfico de las horas pico, un vuelo a campo traviesa, y así sucesivamente) sentirás un gran alivio. Tu ansiedad se verá disminuida significativamente y tú ejecutarás tu danza feliz.

Para aquellos de ustedes que tomaron psicología 101, la eliminación de estímulos incómodos, perjudiciales o dolorosos se llama refuerzo negativo. El dilaudid que mitiga el dolor por la piedra en tu riñón, el chupón que calla al bebé que llora, la influenza que ataca a tu profesor el día de tu presentación final —todos son reforzadores negativos—. Así que los reforzadores negativos son, en realidad, algo positivo para ti porque experimentas alivio. Y, de vuelta a psicología 101, el alivio, al igual que cualquier cosa que se percibe como agradable, probablemente será repetido. Así que es más probable que la siguiente ocasión evites, en lugar de confrontar, la situación inductora de ansiedad. Por tanto se establece un círculo vicioso:

El solo pensamiento de confrontar una situación/persona/proyecto importante hace que experimentes ansiedad ⟶ evitas la confrontación y como resultado experimentas un gran alivio

→ tu ansiedad aumenta ante la perspectiva de enfrentarlo la próxima vez → lo vuelves a evitar.

Delores se unió a un club de Biblia en su templo, un grupo de nueve o diez señoras que decidieron turnarse para organizar las reuniones de los jueves por la tarde en la casa de cada una de ellas. Delores solo necesitó dos tardes de jueves para concluir que estaba muy lejos de su ambiente. Las dos primeras mujeres vivían en casas palaciegas —más bonitas, con mucho, que su humilde morada—. Delores estaba programada para recibirlas la cuarta semana y se empezó a sentir mal varios días antes de su turno. Llamó a la mujer a la que le tocaba la semana 9 y le pidió que cambiaran fechas. Su plan funcionó y Delores se sintió muy aliviada por su evasión. Pero un par de semanas más tarde la ansiedad volvió nada más imaginar a las señoras entrando a su casa y crispándose ante su exiguo tamaño, sus bajos techos y su modesto mobiliario. Ese solo pensamiento disparaba un nivel de ansiedad tal en Delores que interfería con su productividad en el trabajo y en su capacidad para dormir.

Delores oprimió el botón de la evasión una vez más al contarle al grupo una mentira muy poco bíblica: que tenía que ayudar a su esposo con nuevo negocio los jueves por la noche y que tendría que dejar el grupo de estudio de la Biblia. (Y poco después, la iglesia). A pesar de que este era un mal pretexto, le proporcionó a Delores un alivio importante e inmediato. Desafortunadamente las damas le agradaban mucho y realmente disfrutaba los estudios bíblicos y el «compañerismo». Pero la vergüenza de darse cuenta de que era menos que el resto del grupo y que pronto descubrirían que ella no pertenecía al mismo ambiente le provocaba una ansiedad a la que no podía sobreponerse que la asfixiaba y paralizaba.

¿O sí podía?

En realidad, Delores tenía otras alternativas además de la evasión, que empiezan con «A». Empecemos con *aceptar* que había una discrepancia entre el estatus socioeconómico de gran parte de las otras señoras del grupo y el de ella. No solo podía *admitir* ese hecho sino que se debía a sí misma *aceptar* esa realidad y actuar de manera *apropiada*. ¿Qué respuesta hubiera sido más apropiada?

Delores hubiera hecho bien en *abordar* la cuestión directamente para aliviar su ansiedad. Por ejemplo, plantearle al grupo una tarde de jueves algo como: «Estoy disfrutando las clases de Biblia y su compañía plena e inmensamente y deseo darles las gracias por esta oportunidad, pero debo admitir que después de haber estado en algunas de sus casas, me intimida la perspectiva de tenerlas en la mía. Está limpia y ordenada pero es mucho más pequeña que las de ustedes. Me encantaría que fueran y son bienvenidas a acompañarme el día 27».

Cualquier expresión similar de parte de Delores igualmente hubiera generado respuestas cálidas y alentadoras de parte de las otras señoras, quienes probablemente le agradecerían su candor y valorarían su valor y humildad. La ansiedad podría ser reemplazada de manera permanente con un sentido de satisfacción consigo misma y de orgullo por haber disminuido su sentimiento de no ser adecuada. El expresar las emociones abiertamente ante un grupo con frecuencia aumenta la cercanía e intimidad con el resto de los miembros, lo que representaría, en su caso, una mejor alternativa que salirse de la iglesia en una situación de vergonzosa derrota y soledad.

Como se verá en la segunda parte de este libro, no existe un trastorno de ansiedad que mejore como resultado de evitar lo que uno teme. Todos los trastornos de ansiedad deben reconocerse, aceptarse, abordarse y admitirse de frente para ganarle la batalla a tu enemigo.

Domina tus palabras que empiezan con A. Después, baila de felicidad.

Herramienta para jardín 17
Háblate a ti mismo

Todos hemos sorprendido a gente que se habla a sí misma. Acéptalo, te has reído y la has tildado de «loca» por conversar con nadie en particular. Resulta que pueden estar más cuerdos de lo que crees. De acuerdo con los psicólogos, especialmente aquellos que tienen una inclinación cognitiva, todos deberíamos hablar con nosotros mismos —en voz alta— cuando luchamos contra síntomas de ansiedad. Entonces, ¿qué le dices a tu ansioso Ruth o Howard interno? Qué te parece algo como: «Mira, Howard, soy yo, tu yo externo. Por favor, no te asustes, pero he estado observándote. Sé que tienes que preparar tu presentación para los inversionistas. Vamos a practicarla hasta que te la sepas como el juramento de lealtad a la bandera y después se la presentes a tu papá en una entrevista simulada para que te sirva como retroalimentación. Una vez que la domines podrás someterla a los inversionistas lo mejor que puedas. En ese punto estará en manos de (Dios, Jehová, Alá, el Destino, el Universo, nada, tú escoge). Quiero que sepas que has trabajado muy duro para lanzar esta nueva empresa y que me siento orgulloso de ti».

Habrás hecho todo lo que puedes hasta ese punto. Así que suéltalo. Si les encanta, excelente. Si no, aprende lo que puedas de la experiencia y sigue adelante. Recuerda, no todo sale de la manera en que lo deseas. No permitas que nada te derrote. Eres un campeón que está dando su máximo. Ahora ve y «mucha mierda».

¿Por qué hablar así con tu yo? ¡Porque funciona! Tu sistema nervioso cree cada palabra que le dices a tu yo. Y, una vez más, tus creencias superan la realidad cuando se trata de influir en tu sistema nervioso. Tener pensamientos que convoquen la amenaza es generar ansiedad. Repensar tus situaciones con pensamientos que promuevan la confianza, el bienestar o resultados razonables disminuirá/eliminará la ansiedad. ¿Y sabes qué es mejor que tener pensamientos tranquilizantes? Decirlos en voz alta. Convertirlos en palabras audibles los convierte en sólidos fundamentos de la manera en que piensas, sientes y eres.

Entonces, ¿qué de locura tiene eso?

Herramienta para jardín 18
Haz como hacen en Brooklyn

El grupo pop de los años sesenta conocido como The Brooklyn Bridge lanzó una canción de éxito llamada *Lo peor que puede ocurrir*. Lejos estaban de imaginar en esa época que su canción se convertiría en una técnica terapéutica para los psicólogos de todas partes. De hecho, toda la técnica consiste en solo hacer la pregunta: «¿Qué es lo peor que puede ocurrir?». Desde tus preocupaciones más imprecisas hasta tus temores específicos, si eres propenso a la ansiedad, es una pregunta importante que responder.

Evelyn es una mujer instruida y sumamente culta que ronda los 80 años. Siente un gran respeto por sus médicos y los profesionales que la tratan. Así que cuando se vio aquejada por un resultado posquirúrgico sumamente negativo —uno que su cirujano le aseguró que no podía ocurrir—, no supo cómo manejar su situación. Así que Evelyn se las arregló sola, sintiéndose cada día que pasaba más molesta y derrotada. Deseaba manifestar directamente al cirujano su sentimiento de abuso pero esa no era la manera como había sido educada.

El médico de cabecera de Evelyn observó que estaba cayendo en una depresión, por lo que me la refirió para consulta. A pesar de sus esfuerzos por ocultarlo, la frustración y el resentimiento de Evelyn fueron fácilmente detectables a partir de la primera mención a su chapucero procedimiento quirúrgico. Parecía que sus sentimientos eran, sin duda, proporcionales a lo que había ocurrido, en especial considerando cómo su cirujano desestimó sus preocupaciones. Para que Evelyn se recuperara de la depresión concluimos que necesitaba expresar su frustración y sufrimiento directamente a su cirujano. Pero eso era algo para lo que ella estaba muy mal preparada. Hubiera sido mejor pedirle que se entrenara para un triatlón *Iron Man*. Por ningún motivo podía confrontar a un médico. Y no solo a un médico, sino a un... cirujano.

Entonces fue cuando tuve que disparar la pregunta: «¿Qué es lo peor que puede suceder, señorita Evelyn?». Vaciló, balbuceó y finalmente se encogió de hombros. «¿Qué va hacer, revertir su cirugía? ¿Llamar a sus padres? ¿Castigarla en su cuarto?».

Evelyn redactó una carta muy cuidadosa pero expresiva, en la que detallaba su dolor y sufrimiento posquirúrgico y su sentimiento de haber sido traicionada por su cirujano. Le llevó la carta al cirujano y respetuosamente se la leyó. ¿Y qué fue lo peor que ocurrió?

El cirujano se disculpó —en cierta manera— y afirmó que nunca antes había tenido ese resultado y que estaría dispuesto a informar a sus futuros pacientes sobre la posibilidad de que podría ocurrirles lo mismo. De hecho, se volvió un mejor médico por el valor que tuvo Evelyn de compartir sus sentimientos.

Ella, a su vez, salió de su bajón emocional, lo que, en vista de las circunstancias, era lo mejor que podía ocurrir.

Herramienta para jardín 19
Realiza proezas mágicas

Frank es mago. Y lo supe porque fue capaz de hacer que sus preocupaciones financieras crónicas desaparecieran de golpe. Para ser justos, fue en nuestra sexta sesión cuando Frank surgió como mago.

Frank, un hombre de 68 años con una historia importante de ansiedad y de disfunción marital (una esposa solitaria que se quejaba de su incapacidad para comunicarse con ella), constantemente se sentaba durante horas a preocuparse sobre lo que haría si se quedara sin dinero. Verás, el padre de Frank tenía problemas financieros y tendía a sentirse infeliz y ansioso respecto a todo lo relacionado con el dinero. Pero en mi humilde opinión, Frank sentía que tenía suficiente dinero para no preocuparse. Además, tenía un asesor financiero. La mayor parte de las personas que están por quedarse sin dinero no tienen un asesor financiero. Le pregunté a Frank qué pensaba Louis, su asesor financiero, de su apuro económico. Le dijo que estaba en una buena posición para viajar y divertirse un poco. Después me dijo que Louis había sido su asesor financiero durante 30 años y que nunca lo había mal aconsejado.

«¿No confía en Louis?», le pregunté. «Por supuesto que confío. Es el mejor», respondió Frank. Después le pregunté si hacía lo mismo en los aviones, pasar todo el tiempo inquieto y preocupado o si se sentía inclinado a confiar en los pilotos y en sus habilidades de navegación. Sostuvo que volar (y confiar) no era el problema. Que siempre volaba con toda comodidad.

Y a Frank se le ocurrió adónde me dirigía: si podía confiar y soltar en un aspecto de la vida, poseía las habilidades necesarias para generalizar eso a otros aspectos. Así que ese día tomó la decisión consciente de empezar a confiar en Louis y dejar de angustiarse por sus finanzas. Y, de acuerdo con Frank y su esposa, a partir de ese día nunca más se volvió a preocupar por el dinero.

Esta es una historia verdadera excepto por una pequeña parte. Frank en realidad no es mago. Es un tipo común que decidió dejar de preocuparse y disfrutar de la vida.

Herramienta para jardín 20
Conocer lo desconocido

Una fuente importante de ansiedad para los seres humanos es pensar en enfrentar situaciones con componentes desconocidos; por ejemplo, iniciar la universidad en un estado alejado, con gente nueva. A pesar de que cada situación de cada día contiene aspectos de lo desconocido, es, sin embargo, más fácil hacer el mismo trayecto al mismo edificio para realizar el mismo trabajo que has hecho durante 17 años, que un nuevo trabajo en un nuevo lugar.

Sheeba había logrado mucho en un corto lapso en tratamiento, incluyendo acabar con un doloroso matrimonio de 30 años. Decidió que necesitaba cambios vitales más grandes, así que estaba lista para irse a Europa a retomar una carrera en finanzas internacionales. Sheeba creía que esta era sin duda una decisión correcta: regresaría a su casa con sus amigos y parientes a quienes extrañaba terriblemente. Pero las cosas habían cambiado tanto durante el tiempo que vivió en Estados Unidos que le pareció que «volvía a casa a un lugar en el que nunca antes había estado». Y entonces experimentó un nivel muy alto de ansiedad, especialmente por la mañana antes de que sonara el despertador. ¿Por qué se disparó la ansiedad? ¿Cuál era la amenaza que percibía? Sheeba dijo que se trataba de «enfrentar lo desconocido». Existe el viejo dicho de que las personas prefieren al diablo conocido que al desconocido, a pesar de que este sea malo, porque lo conocido es más fácil.

Pero Sheeba era una ávida meditadora y dedicaba en cualquier lugar que estuviera de una a dos horas cada mañana a realizar rituales de meditación. La recomendación clínica que le di me pareció muy lógica: que combinara su meditación con una autoconversación positiva que incluyera lo siguiente: «Estoy de vuelta en el país que amo por elección. Mis personas favoritas viven en él. Sobreviviré a todas las facetas de mi vida. Puedo viajar adonde quiera. Más importante aún, me llevo a mí misma y dejo atrás, para bien, un matrimonio sin amor. Nunca volveré a permitir que me atrapen. Soy libre, estoy feliz y entusiasmada de empezar una nueva etapa de mi vida».

Después de poner en marcha este nuevo ejercicio, Sheeba notó que la ansiedad que flotaba libremente respecto a lo desconocido había sido reemplazada por el entusiasmo, la esperanza y un sentimiento de: «¡No puedo esperar a ir!».

Herramienta para jardín 21
Matar a tus dragones

Los dragones vienen en varias formas y tamaños, y, sin embargo, son todopoderosos hasta que los confrontamos y matamos. Jordan, de 17 años, nunca había tenido una cita en su vida. Mientras que eso en sí mismo no es inusual, a él le parecía un problema muy importante porque deseaba con desesperación asistir al baile de graduación. Había una chica que «le gustaba mucho, pero por qué querría ir al baile conmigo?», preguntó. Como ves, a veces los dragones adoptan la forma de chicas de 17 años.

Leigh no era cualquier chica. Era inteligente, adorable y la paradora en corto del equipo de beisbol de la secundaria. Eso intimidaba a Jordan, que nunca antes había llegado a primera base con una chica. La ansiedad, especialmente debido al temor al rechazo y al fracaso, era el desafío de Jordan y la razón por la que sus padres lo enviaron conmigo para tratamiento.

Nuestro trabajo era matar dragones juntos, y solo teníamos dos semanas antes del baile. Le informé a Jordan que huir de los dragones (evasión) solo hacía que la siguiente vez parecieran más grandes y más atemorizantes. Que necesitábamos acercarnos al dragón y armarnos de valor para invitar a Leigh al baile. Pero ¿cómo?

Decidió sorprender a Leigh e ir a echarle porras en el siguiente juego de beisbol para dar el primer paso. Jordan llegó más equipado que el *catcher* con una pancarta, una pelota de softball y una docena de rosas. Por lo que concernía a Jordan solo tenía una oportunidad de anotar, así que escarbó en la caja de bateo y trató de conectar un jonrón.

El cartel decía: «¡Vamos Leigh! #12», de un lado, y el otro lado emergió frente a Leigh cuando abandonó el cuadro al final del partido. Simplemente decía: «¿Baile?».

Después Jordan le aventó la pelota de softball que contenía una pregunta: «¿Irías al baile conmigo?». Y, por si el cartel y la pelota no fueran suficientes, las rosas fueron más que evidentes y un gran hit con Leigh, por no mencionar a sus compañeras de equipo.

Respecto a Leigh, Jordan logró que la pelota se volara la barda. La cita para el baile se formalizó y, lo más importante, la autoestima de Jordan aumentó en tanto que su ansiedad disminuyó y completó un doble juego sobre los fieros dragones.

5 Herramientas de poder

Tienes cerebro en tu cabeza.
Tienes pies en tus zapatos.
Puedes dirigirte a cualquier dirección que escojas.
Dr. Seuss

Estás aprendiendo a manejar las herramientas para jardín que te enseñé en el Capítulo 4. Fantástico. Con un poco de práctica puedes reducir los niveles de tu ansiedad significativamente. Pero algunos de ustedes necesitarán más que esa variedad de azadones y palas.

¿Cuál es tu mejor herramienta?

Janice, como cualquier otra persona, tiene sus momentos de ansiedad, especialmente como vicepresidenta de un banco local. Ella sabía que su ansiedad ocupaba más tiempo el asiento del conductor en su vida que ella, así que hizo una cita. Le pregunté qué herramientas empleaba para ayudarse en su lucha contra el estrés y la ansiedad.

—¿Herramientas?

—Sí, como un martillo, una llave inglesa o un taladro, que ayudan para realizar los trabajos en la casa. ¿Qué herramientas usas para enfrentar los desafíos de tu empleo?

Piensa en las herramientas que posees para conquistar la ansiedad con éxito. Intenta tener una variedad de utensilios para jardín y eléctricos en tu caja de herramientas para que estés preparado ante cualquier situación que se te presente.

Aquellos de ustedes con verdaderos trastornos de ansiedad —diagnósticos que exploraremos en los próximos cinco capítulos—, tal vez requieran añadir un «rotozip» a su sierra, una pistola de tornillos a su taladro, y un martillo de forja mecánico a su martillo.

Quiero compartir algunas herramientas eléctricas para la ansiedad y los trastornos de ansiedad, herramientas para emplear conjuntamente con un psicólogo o psicoterapeuta capacitado y autorizado en tratamiento profesional.

Aun cuando aquí te presentaré las herramientas eléctricas, por favor aplícalas, por lo menos al principio, bajo la supervisión de un profesional calificado. (Disfruto la oportunidad de decir: «¡No lo intenten en casa, esto es solo para profesionales calificados!»).

Herramienta eléctrica 1
Psicoterapia

De alguna manera nuestros demonios nunca son como los imaginábamos cuando nos los encontramos cara a cara.
Nelson DeMille

Cuando las compañías que vendían naranjas y jugo de naranja quisieron vender más productos inventaron un astuto nuevo eslogan que nos convenció de lo siguiente: «Jugo de naranja. Ya no es solo para desayunar».

Es el momento de tomar prestado este concepto solo para ilustrar. La psicoterapia: ya no es solo para los enfermos mentales. En realidad, de acuerdo con la gran cantidad de investigación que existe hasta el momento, la psicoterapia es benéfica para virtualmente casi todo lo que te aqueja. ¿Por dónde empiezo?

Si tu matrimonio se está deshaciendo en pedazos, la psicoterapia te puede ayudar a volver a unirlos. Si estás luchando con el insomnio, la psicoterapia te puede ayudar a reemplazar tus «¿por qué?» con Zzzz. Si todavía estás lleno de resentimiento por haber sido amedrentado, rechazado, descuidado, traicionado, golpeado, acosado sexualmente, molestado, dominado, usado, despreciado, sojuzgado, ignorado, denigrado, subestimado, defraudado, violado, rebajado, engañado, robado, espiado, acechado, acosado cibernéticamente, exhibido, abducido, atracado o torturado, la psicoterapia generalmente puede ayudar. En realidad, desde el dolor de espalda hasta el aumento de peso, desde los problemas para salir (agorafobia) hasta los problemas para salir de (aceptación de la homosexualidad), la psicoterapia es el mejor tratamiento. Como verás en los capítulos siguientes, no existe un mejor tratamiento para la ansiedad generalizada, los trastornos de pánico, la agorafobia, las fobias, los trastornos de estrés postraumático, la ansiedad social o el trastorno de adaptación con rasgos de ansiedad, que la psicoterapia.

Entonces, ¿cómo funciona? La psicoterapia empieza con la conexión humana. La investigación ha confirmado que las conexiones humanas cariñosas, de apoyo y reconocimiento proporcionan el armazón para la curación. Igualmente, como leerán en el capítulo sobre TEPT (Trastorno de Estrés Postraumático), la *expresión* y *liberación* de las emociones es curativa. De hecho, la psicoterapia cambia la bioquímica del cerebro. ¿Cómo? Evidentemente, al liberar las emociones dolorosas y alterar las cogniciones (pensamientos, actitudes y creencias) el efecto es análogo a colocar un marco diferente en la misma vieja fotografía de la vida: el mundo se ve diferente.

Con una buena psicoterapia es posible decirle adiós a un muerto querido, a una niñez espantosa o a un amante narcisista. Igualmente le puedes dar la bienvenida a una vida sin ataques de pánico, sin rituales compulsivos o a una irritante desconfianza en ti mismo. Puedes aprender a hacer acopio de valor para hablar en público, subirte a un avión o invitar a salir a la diosa de tu laboratorio de química.

Pero respecto al tratamiento de los trastornos de ansiedad, las escuelas más exitosas y «basadas en evidencia» de psicoterapia son la cognitivo-conductual (cambiar la forma en que piensas y te comportas) y las que se basan en la conciencia (aprender a relajarse y enfocarse en el aquí y ahora). En las siguientes páginas intentaré darte a conocer algunos de estos tratamientos y técnicas.

En conjunto, los autores de este libro han aportado a la comunidad cien mil horas de psicoterapia en las tres últimas décadas, lo que ha resultado en un nuevo eslogan: «Psicoterapia. No hay sustituto».

HERRAMIENTA ELÉCTRICA 2
IMÁGENES GUIADAS

La sanación tiene lugar en el interior.
Andrew Weil

Después de haber aportado todas esas horas de psicoterapia, creo que ninguna herramienta o técnica es más importante o más valiosa que las imágenes guiadas.

Como he afirmado repetidamente, con objeto de que los humanos se curen de sus dolores y traumas emocionales debe existir un cierre o limpieza apropiados de la herida psicológica. Como se señaló en *Your Mind: An Owners's Manual for a Better Life*, el tiempo en sí mismo no proporciona esa curación, solamente pasa. La curación es activa y requiere que el dolor se libere. Sin embargo, para lograrlo, la mayoría de las veces necesitamos volver a visitar los incidentes o el material dolorosos con objeto de sentirlos, expresarlos y finalmente liberarlos.

Y ahí es donde las imágenes guiadas se convierten en un poderoso aliado y en una poderosa herramienta. Verás, con las imágenes guiadas puedes regresar sin peligro a las escenas inconclusas de cualquier capítulo anterior de tu vida y liberar cualquier cosa que te haya estado acechando durante mucho tiempo. ¿Qué tipo de cosas dolorosas podemos enterrar? Escenas de abuso sexual y traumas de la infancia, violación, decir adiós a los seres queridos que se han ido, confrontar a los acosadores y abusadores, traumas relacionados con la guerra, accidentes automovilísticos, y así sucesivamente. *No existe ningún trauma que no se pueda abordar de manera efectiva* con las imágenes guiadas.

Los únicos requisitos como cliente/paciente son: 1) la capacidad para relajarse con la inducción del terapeuta; 2) la habilidad para visualizar cualquier escenario que presente el terapeuta (incluso imaginar un elefante rosa con los ojos cerrados, por ejemplo), y 3) el valor para enfrentar el estímulo perturbador.[30]

Recientemente, en un lapso de dos semanas empleé la herramienta eléctrica de las imágenes guiadas en cuatro casos diferentes con considerable éxito: un hombre de 69 años se despidió de su hermano que había muerto en Vietnam 45 años antes; una mujer de 55 años se liberó de la pesadilla de una violación que sufrió a los 20; un hombre cicatrizó el componente emocional de un accidente frontal entre un automóvil y una motocicleta, y Amy, de 33 años, se liberó del trauma de «haber matado a mi mejor amiga, Julie» en un accidente de auto a los 19 años.

Quiero compartir la historia de Amy; dos años antes presentó síntomas de daño traumático cerebral (DTC) que incluyeron impulsividad, irritabilidad, abuso de sustancias, comportamiento

[30] ¿Existen razones o personas para las cuales las imágenes guiadas no sean adecuadas? Si la persona ha tenido síntomas psicóticos, en especial alucinaciones, las imágenes guiadas no son la mejor elección de tratamiento. Si la persona es incapaz de visualizar, la técnica tampoco puede funcionar.

temerario, relaciones volátiles —se pueden hacer una idea—. Se dispuso a cambiar todo eso invirtiendo en una relación terapéutica conmigo de dos sesiones al mes. Para mi asombro (y creo que para el de ella también) decidió alejarse de las drogas, la promiscuidad y los robos menores para volver a la universidad y convertirse, por sobre todas las cosas, en terapeuta.

Pero a pesar de sus éxitos escolares y de los cambios de comportamiento ya mencionados, Amy seguía padeciendo en silencio los síntomas del Trastorno de Estrés Postraumático, que incluían recuerdos invasivos del fatal accidente junto con un barril lleno de ansiedad. También se cocía en una culpa tóxica porque iba manejando bajo la influencia de las drogas y el alcohol cuando se salió de la carretera y se estampó en un árbol. Fue muy difícil para Amy sentirse afortunada de vivir y que Julie no lo hiciera.

Un día Amy reveló que padecía estos síntomas desde hacía 15 años. Le pregunté si estaba lista para alejarlos con imágenes guiadas. Ella no entendía la técnica ni cómo o por qué funcionaba, pero estaba segura de que se quería sentir mejor y de que podía confiar en mí.

La puse en relajación (véase respuesta a la relajación) y la llevé a una imaginaria sala de cine vacía donde nos sentamos. Le di un control remoto que controlaba la película de la pantalla y en el que podía oprimir inicio, alto, atrasar, adelantar rápidamente, etcétera. Regresamos al accidente para verlo una vez más y «alejarlo para siempre». Se le permitió asistir a una Amy enferma. Después le dimos la oportunidad de hablar y escuchar a su amiga, a quien se le permitió visitar a Amy una vez más desde el más allá. Yo hablé por Julie y narré: «Si bien no se me permite revelar nada del más allá, puedo decirte que estoy feliz y bien y que desde hace mucho te perdoné. Lo único que te pido es que te perdones a ti misma y vivas tu vida para que marques una diferencia».

Nada de esto ocurrió, por supuesto, excepto en la inviolabilidad de la cabeza de Amy. Pero ella lloró y lloró lágrimas de liberación de su prisión emocional y colocó el accidente y la muerte de Julie en un lugar en el que ya no la perseguían. Amy lo dijo: «Ya terminé. Se acabó. Por fin tengo paz».

En realidad, la fecha de aniversario del accidente era el 1 de diciembre. Pero por primera vez desde que ocurrió, Amy ya no esperó la fecha solo para sufrir. De hecho se le olvidó hasta que el 4 de diciembre cayó en la cuenta de que había transcurrido en paz. Ella cree que Julie estaría tan complacida como ella lo está.

¿Sabías que la técnica llamada Reiki es efectiva en los adultos mayores para disminuir el dolor, la depresión y la ansiedad? Esta es una técnica curativa en la que el terapeuta puede canalizar energía hacia el paciente mediante el tacto, para activar los procesos curativos naturales del cuerpo del paciente y restaurar el bienestar físico y emocional.[31]

Herramienta eléctrica 3
Aproximación sucesiva

Con frecuencia, la preocupación le da a una cosa pequeña una gran sombra.
Proverbio sueco

Tamika, de ocho años, ha sido una de mis pacientes más encantadoras. Tuve el honor de tratarla. Tal vez era su fascinante sonrisa; pero probablemente era por la forma en que se apropiaba del consultorio cuando llegaba y le preguntaba a los pacientes que estaban en la sala de espera: «¿Por qué vienes aquí?».

Tamika sabía por qué su mamá la llevaba a verme —fue perseguida, atrapada y mordida tres veces por dos dálmatas que no

[31] Nancy E. Richeson, «Effects of Reiki on Anxiety», 2010.

traían correa—. Mientras que el horror del ataque duró menos de un minuto, el impacto en Tamika fue profundo; ahora estaba frecuentemente ansiosa, hipervigilante (excesivamente vigilante) y bastante menos espontánea que la pequeña niñita, presidente del tercer año, que era antes del ataque. Y, no es necesario decirlo, ahora se *petrificaba* frente a los perros de cualquier clase. Para Tamika un viejo salchicha de 18 años con una cadera artificial se transformaba en un tigre de Bengala dispuesto al ataque.

De acuerdo con Tamika, la descripción de mi trabajo era simple: «¿Puedes lograr que me vuelvan a gustar los perros?». «Por supuesto —estuve tentado a responderle—. Si puedo lograr eso también puedo hacer que te gusten el brócoli y hacer tarea». Pero en vez de eso le dije: «Juntos, dulce niña, nos esforzaremos por lograrlo».

Como verás en los próximos capítulos, superar las fobias rara vez es fácil, pero *son tratables*. El tratamiento elegido para Tamika se llama aproximación sucesiva, un nombre sofisticado para dar un paso a la vez. O, más exactamente, un paso exitoso a la vez. La idea que está detrás de esta técnica es tener éxito en pequeños pasos hasta que se alcance el objetivo final.

Igual que en la técnica de desensibilización sistemática (véase Herramienta eléctrica 4 en página 133), tanto el psicólogo como el cliente hacen equipo para crear una lista de objetivos paso a paso, cada uno de ellos progresivamente más exigente y/o atemorizante. Los objetivos se pueden alcanzar empleando cualquier número de técnicas, desde las imágenes guiadas hasta la exposición en vivo (en la vida real) a los objetos temidos o a la situación. Tamika y yo también empleamos la psicoeducación, enseñándole acercamientos adecuados a perros extraños y el modelado del manejo seguro de perros. Creamos una jerarquía del 1 al 10, empezando por pensar en un cachorrito que había nacido en Australia (le sugerí que el cachorrito naciera en la

Luna, pero ella dijo que eso era imposible debido a «condiciones atmosféricas»). Nuestra progresión incluyó una visita en vivo a Nate, mi todo menos que feroz maltés de tres kilos. También hicimos que Tamika imaginara encuentros exitosos con perros cada vez más grandes, aun si estaban ladrando excitadamente. Transitó por todos los pasos, uno a uno, como si nada, para felicidad de su madre y su loquero.

¿Sabías que las sesiones de recreación con terapeutas apoyados por animales tienen un efecto significativo en la reducción de los niveles promedio de ansiedad en personas con trastornos del estado de ánimo?[32]

Nuestro objetivo final se logró por un contacto que tuve en la Unidad K-9 del Departamento de Policía local. Imaginé que si Tamika podía enfrentar el reto de acariciar a una enorme bestia de pastor alemán, potencialmente podía regresar al estado pre-mórbido de disfrutar de los perros, con la debida precaución con los perros extraños. Era un plan brillante, me dije a mí mismo. No había manera de que pudiera fallar. Excepto por la única manera en la que falló miserablemente.

Ahí estábamos: Tamika, Charlie, el oficial K-9, Rocket, un pastor del tamaño de un tanque alemán, y yo. Hubo grandes cantidades de amor y afecto en el cuarto que culminaron con Tamika acariciando tiernamente a Rocket con la confianza de un domador de leones. Habíamos alcanzado el nivel 10. ¡Estaba curada!

Justo en el momento en que iba a chocar los cinco conmigo mismo por un plan de tratamiento brillante, ¡Rocket se

---

[32] S. Barker, «The effects of animal-assisted therapy», *http://journals.psychiatryonline.org/article.aspx?articleid=81469*

lanzó contra la ventana y estalló en frenéticos ladridos! Había dos hombres afuera de mi oficina tratando de limpiar las ventanas —naturalmente, nadie había lavado esas ventanas en los cinco años que llevaba alquilándola— y alarmaron a Rocket y provocaron sus mortales ladridos. Tamika se petrificó y descendió en la escala hasta el cachorrito australiano. Su psicólogo fue de muy poca ayuda desde su punto de observación, y se escondió abajo del sofá. Charlie saltó y tranquilizó a Rocket, pero el daño ya estaba hecho.

Si cada nube tiene un lado positivo, en la siguiente sesión pudimos localizar ese lado bueno. La resistente Tamika fue capaz de continuar con la estructura muy rápido la segunda vez. ¡El aprendizaje no se había perdido! Charlie y Rocket regresaron y se encontraron con una jovencita segura que se benefició de su acercamiento al protector Rocket, y que cayó en la cuenta de que tener perros policías era bueno para la sociedad y no era malo para ella. Aprendió a sentirse segura con la mayoría de los perros y cómo manejar adecuadamente a los desconocidos. De acuerdo con su mamá, la niña que era antes del ataque estaba viva y bien, con un poco de más seguridad y el plan de un día convertirse en psicóloga.

Los pacientes con Trastorno de Pánico experimentan los mejores resultados con una combinación de tratamientos conductuales: exposición, entrenamiento en relajación, técnicas respiratorias, tareas en el hogar durante el tratamiento y la participación en un programa de seguimiento. Superar tu pánico requiere siempre completar tu programa con diligencia y practicar tus nuevas habilidades.[33]

[33] J. Sanchez-Meca, «Psychological treatment of panic disorders», pp. 37-50.

Herramienta eléctrica 4
Desensibilización sistemática

Cuando cambias la manera en que ves las cosas,
las cosas que ves cambian.
Wayne Dyer

En Florida suroriental hay muchas cosas por las que sentirse orgulloso. Por ejemplo, cada año nos vanagloriamos de la cantidad más grande de rayos en todo el mundo. A pesar de que esto puede ser peligroso para jugadores de golf, nadadores y los imitadores de Ben Franklin, es bueno para los psicólogos. Cada año podemos esperar un pequeño nuevo negocio generado por un relámpago perdido o por una explosiva tormenta veraniega.

Alice, la sobreviviente de la tormenta de este año, tenía su propia historia desgarradora: la avalancha creada por un aguacero vespertino provocó el caos en una carretera local que contribuyó a una colisión trasera y a un renacido miedo por las tormentas de verano. Como es común, Alice generalizó la mala tarde en la carretera a cualquier momento en el que escuchara el ruido sordo de los nubarrones de tormenta a la distancia. En otras palabras, ¡a Alice le daba miedo manejar virtualmente todas las tardes de todo el verano! No es necesario decir que esto resultaba terriblemente inconveniente y frustrante para ella. Como imaginarán, prefería programar sus citas por la mañana para evitar la posibilidad de manejar durante las tempestades vespertinas. La evasión es la gran facilitadora de todos los miedos y las fobias.

Pero las fobias son tratables (o si no habría escrito un libro sobre el cultivo de hortensias), así que le presenté a Alice la herramienta eléctrica llamada desensibilización sistemática. Una frase clínica elegante con una sencilla premisa: toma a una persona ansiosa/fóbica y enséñale a relajarse. Mientras se está relajando, recostada con los ojos cerrados en tu sofá, condúcela a través de una progresión de diez pasos, de la imagen menos escalofriante hasta la más escalofriante. Así que, en el caso de Alice, ella eligió una progresión (también conocida como unidades sistemáticas de angustia o USA) que empezó con el número 1 —salir de su cochera— y terminó con el 10 —manejar en una carretera importante bajo una lluvia torrencial.

Verás, cuando estás relajado y te imaginas estar experimentado cierta escena escalofriante, tu sistema nervioso puede romper el vínculo entre la ansiedad y esa precisa escena y reemplazarlo con relajación. Así que Alice se podía imaginar manejando bajo la lluvia mientras estaba relajada y acostada en mi sofá, y después de bastante práctica podría hacerlo en vivo (en la vida real). Así es como funciona la desensibilización sistemática.

Empezamos con un ejercicio de relajación y después procedemos con la primera unidad (la entrada al auto) y nos imaginamos dirigiéndonos hacia ella. Después nos movemos a la segunda, la tercera y más allá, una unidad a la vez. (La regla de oro es no mover más de tres unidades en una sesión de práctica dada). Si el paciente se pone un poco ansioso al imaginarse la escena, regresamos a la relajación y retrocedemos a la escena previa. Cuando está listo volvemos a esa misma escena y esperamos que haya mayor relajación la siguiente vez. Con el tiempo puedes dominar el miedo más grande —la décima unidad de angustia— mientras estás relajado. Por supuesto, después de lograrlo en el diván la meta es sobreponerse a la escena escalofriante en vivo.

Alice se apareció un jueves de julio para la sesión de las 3 de la tarde —era la única cita disponible— y se relajó rápidamente en mi diván del tercer piso junto a la ventana. No tardó mucho para que mi sugerencia de que se imaginara bajo una tempestad se volviera muy fácil de cumplir. Evidentemente, la Madre Naturaleza también estaba escuchando y respondió contribuyendo con una tormenta en vivo justo afuera de mi ventana, mientras Alice cerraba los ojos y se imaginaba ir manejando en medio de la tormenta.

Las dos damas (Alice y Madre Naturaleza) se combinaron para una sesión muy efectiva. Alice pudo proceder con éxito hasta la octava unidad de angustia, dejando solo para la siguiente sesión el trayecto empapado por la lluvia en la carretera principal. Alcanzó su meta y retomó el control de su manejo y sus veranos en Florida.

A veces la naturaleza es una verdadera madre. Otras veces es un amante padre.

Las medicinas alternativas complementarias están teniendo un impacto significativo en nuestro sistema de salud. Estos enfoques alternativos están siendo usados de manera más generalizada por médicos, quiroprácticos y fisioterapeutas, que los aplican en sus prácticas diarias. Una alternativa primaria es la terapia de masaje, que ha demostrado ser efectiva para ayudar en los casos de estrés, trastornos de ansiedad y depresión. La terapia de masaje promueve la relajación y los estudios muestran que puede equilibrar el sistema nervioso autónomo y aumentar la rama parasimpática, lo que representa una respuesta de reposo y digestión. Se ha comprobado que el masaje reduce la hormona del estrés, cortisol, que promueve la tranquilidad y alivia la ansiedad y la depresión. Más todavía, el masaje puede aumentar los neurotransmisores serotonina y dopamina.[34,35]

[34] Andrew Weil, «Wellness Therapies», *www.drweil.com/drw/u/ART03176/Quigong-Dr-Weils-Wellness-Therapies.html*

[35] Tammy McIlvanie, «Massage and Anxiety», correspondencia personal. Junio 12, 2014.

Herramienta eléctrica 5

Exposición y prevención de la respuesta (EPR)

Si has estado atento a los medios de comunicación habrás notado un aumento significativo en la conciencia de los trastornos mentales como la esquizofrenia, el trastorno bipolar, el trastorno de estrés postraumático y el trastorno de déficit de atención-hiper-actividad (TDAH). También habrás visto programas especiales de televisión dedicados a la agorafobia, la acumulación e incluso al trastorno obsesivo-compulsivo (TOC). Este último ha sido exhibido en el comportamiento de algunos populares personajes de la TV *(Monk)* y del cine (el personaje de Jack Nicholson en *As Good As It Gets* [Mejor imposible]). Nos reímos por lo absurdo de los rituales del personaje y estamos de acuerdo con Helen Hunt cuando ve a Jack caminando en la calle y evitando pisar las uniones y dice: «Esto no va a funcionar para mí».

¿Existe un trastorno que socave más el propio progreso al interferir tan poderosamente en todos los aspectos de la vida que el TOC? ¿Es por lo menos tratable? Hasta ahora sabemos lo que no funciona: la psicoterapia orientada a la penetración comprensiva. Sabemos que la medicación funciona marginalmente, pero la técnica de tratamiento que sirve mejor para el TOC es una técnica conductual llamada exposición y prevención de la respuesta (EPR). La EPR, que fue descubierta originalmente por el psicólogo británico Victor Meyer, ofrece consistentemente más resultados exitosos para el TOC que cualquier otra cosa que se haya investigado actualmente.

La EPR, como su nombre indica, te expone a lo que más miedo le tienes en tanto te impide evitarlo o escapar de ello. Cuando permaneces expuesto a ese objeto o estímulo que temes durante un periodo prolongado, los psicólogos conductuales dicen que te habitúas (te acostumbras) a él y la respuesta de miedo se extingue (se va).

Naturalmente, la tendencia para ti, la víctima promedio del TOC, es evitar-escapar en el momento en que tu ansiedad se pone en marcha. Lo mismo es verdad para tus fobias. Como el muñeco de jengibre, huyes tan rápido como puedes para pedir ayuda. Pero con la EPR el camino está cerrado o bloqueado. No se te permite correr; ¡debes enfrentar tus miedos!

Sergio era un muchacho muy apreciado en la universidad que tuvo la desgracia de tenerme como amigo. Si bien probablemente nunca fue una sabia elección socialmente, fue especialmente tonto llamarme «amigo» cuando estaba estudiando psicología experimental.

Conejitos de jardín

Dr. Laurie Ann O'Connor

Tengo conejitos en mi jardín. Llegan libremente, sin invitación, y se alejan igualmente, saltando. Sé con seguridad de personas que a pesar de que han construido alrededor de sus jardines unas buenas cercas de todas maneras acaban teniendo conejitos. Pero el hecho de que lleguen a mi jardín no significa que tenga que hacer algo con ellos.

Tus pensamientos se parecen mucho a mis conejitos. El hecho de que el conejito haya saltado a mi jardín no lo convierte en mi conejito. Sin embargo, si atrapo al conejo, me quedo con el conejo, alimento al conejo, le hablo al conejo, o lo crío de alguna manera, he adquirido cierto punto de propiedad sobre la pequeña criatura. En lugar de solo contemplar al conejito, escojo interactuar con él. Invierto en él.

Pero, ¿qué pasa si dejo que los conejitos sean? Los conejos han estado en este planeta durante más tiempo del que yo he estado o estaré. ¿Qué pasa si no hago nada? Los conejos continuarán como siempre lo han hecho.

Tu cerebro es como mi jardín. No hay duda de que hay muchos conejitos saltando adentro y afuera de él. Algunos regresarán en tanto otros aparecen como ráfagas al punto de que no estás seguro de realmente haber visto un conejo.

Puede ayudar sentarse en silencio y observar a los conejitos antes de hacer algo con ellos. Estás siendo más reflexivo —más consciente— de la consecuencia real de tus actos. Este es uno de los muchos regalos que la conciencia plena (*mindfulness*)[36] tiene para ti. En lugar de tener un exabrupto, una reacción impulsiva o compulsiva hacia los conejitos que saltan adentro y afuera de tu jardín, haz una breve pausa. Escoge un momento para estar consciente. Después de todo, la ansiedad es como tratar de conservar a un montón de estos conejos. El pánico es cuando se siente que los conejos se están adueñando de ti. *Mindfulness* es permitir que mi jardín trasero esté en paz.

Verás, Sergio era conocido por ser muy obsesivo compulsivo (y un poco claustrofóbico) —sus golpecitos en la cabeza y los rituales con la cadena del excusado eran legendarios en los dormitorios de hombres—. El primer año de universidad tenía una clase de Civilización Occidental en el noveno piso del edifico Miller. Sergio era obsesivo compulsivo sobre casi todo, incluyendo llegar a tiempo a las citas y especialmente a clase. Pero al tener claustrofobia no había manera de que considerara *alguna* vez subir en elevador al noveno piso. ¿Qué tal si se quedaba atorado?

Como también era un fanático del acondicionamiento físico, subir nueve pisos no era un problema para Sergio. Salía 15 minutos antes que el resto de nosotros a la clase de Civilización Occidental. Pero un día tuve una idea —de la que rápidamente culpé a Rob, mi cómplice en el crimen de psicología experimental—. ¿Qué ocurriría si las escaleras se «cerraban» un día y Sergio se veía obligado a tomar el elevador hasta el noveno piso? Rob estaba tan entusiasmado por la imagen de ver a Sergio iniciar su ritual de golpeteo en la cabeza que me dio los cinco dedos en señal de victoria. Eso fue todo lo que necesité

---

[36] En adelante se hará referencia al término en inglés, *mindfulness*, que se adapta mejor a los términos técnicos que se emplean en el libro que su significado en español, conciencia plena. (*N. de la T.*)

para inspirarme a pedirle a Tom, el vigilante, un cono anaranjado, y elaborar un convincente letrero que decía: «Escaleras fuera de servicio. Por favor use el elevador». Imaginaba que nadie antes había empleado esas palabras en la historia de los elevadores.

Mientras que un cono anaranjado y un burdo letrero hecho a mano no hubieran impedido que la mayor parte de las personas subieran las escaleras, Sergio era un rigorista con las reglas y no alegaba con los *umpires*. «Las reglas son las reglas», ha de haber dicho.

Sé que en este momento algunos de ustedes estarán inquietos y se preguntarán si este experimento engañoso e inhumano es ético incluso para los psicólogos. Tengan la seguridad de que nuestra broma-experimento fue cruel, sumamente poco ética y totalmente inapropiada para psicólogos. Sin embargo, por fortuna en ese tiempo solo éramos estudiantes universitarios y no verdaderos psicólogos.

Así que nos escondimos en una oficina cercana y miramos por la ventana al pobre Sergio leer y releer el letrero, mientras suspiraba y levantaba las manos en el aire dos, tres, siete veces. Nos ahogábamos de risa en silencio. Caminaba de un lado para otro de las escaleras al elevador una y otra vez, hasta que por fin tomó una decisión —tenía clase y no podía llegar tarde—. Hizo una profunda inhalación final, entró al elevador y se dirigió a su clase.

Rob y yo nos vimos el uno al otro incrédulos, ¡Sergio se estaba subiendo a un elevador! ¿Qué tal si lo habíamos matado? Salimos a toda prisa de la oficina, fuimos derecho al cubo de la escalera y subimos corriendo nueve benditos pisos en un esfuerzo por encontrar a Sergio saliendo del elevador. Pero era demasiado tarde. Sergio ya estaba cómodamente sentado en la clase, ¡sin ningún indicio de que acabara de hacer un viaje al infierno! Por otro lado, Rob y yo estábamos totalmente sin aliento y nos veíamos un poco sospechosos.

Sergio era muchas cosas pero no era estúpido. Muy pronto reunió las piezas y se dio cuenta de que había sido víctima de dos bromistas de 20 años que lo admiraban tanto como disfrutaban molestarlo. En lugar de tomar represalias, poco después nos escribió una pequeña nota que no pudimos olvidar. Decía:

> *¡Hola ustedes dos, aspirantes a loqueros! Conozco su pequeña broma. Estaba a punto de tomar represalias cuando recordé las palabras de mi difunto padre. Él decía: «Hijo, la mejor venganza siempre es el éxito». Qué gran verdad. Ese día aprendí que necesitaba enfrentar mis miedos y dejar de rehuirlos. Desde entonces he estado usando el elevador exitosamente. Y todo se lo debo a dos imbéciles. ¡Gracias amigos!*

Rob y yo no sabíamos si reír o llorar. Sobre todo nos sentíamos un poco culpables y avergonzados. Y muy orgullosos de Sergio. También aprendimos un poco sobre EPR ese día (y mucho sobre ética).

Ahora contamos con investigación que señala que al combinar diferentes técnicas cognitivo-conductuales como la exposición, la desensibilización sistemática, la aproximación sucesiva y el modelado en vivo, los pacientes pueden experimentar mejoras significativas ¡en solo una sesión de tres horas! Sus prometedores resultados se demostraron con éxito en niños, adolescentes y adultos en reuniones internacionales.

Herramienta eléctrica 6
Relajación, yoga y *mindfulness*

Descanso y relajación (DyR); es para lo que trabajas, para lo que ahorras, para lo que vives. ¿Pero sabes realmente cómo relajarte? Lo más seguro es que requieras de una sustancia (alcohol), o tal vez de un lugar (la playa), o muy probablemente de una combinación de ambos (una piña colada en la playa Siesta) para ayudar a ponerte en modo relajación. ¿Pero qué tal si aprendieras a relajarte —verdadera relajación— en tu propia casa? ¿Todos los días? ¿Sin químicos?

Lo sé, sueno muy parecido a un infomercial que diría algo como: «¡Pues ahora puedes hacerlo!». Y después añadiré unos cuchillos ginsu para sellar el trato. Tómenlo en serio, este no es un infomercial, es investigación científica. Y la investigación afirma lo siguiente: si puedes dedicar 15 minutos de tu día a practicar la relajación (de tu elección), verás los siguientes resultados: una reducción significativa de la ansiedad, de la presión sanguínea, del dolor físico, de los dolores de cabeza por tensión y del cortisol (la hormona del estrés). Observarás un aumento en la cantidad y calidad del sueño, una reducción en la probabilidad de padecer un declive cognitivo (demencia), en la depresión y el perfeccionismo. También, una supuesta mejoría significativa en la función sexual. Con todo esto, ¿quién necesita cuchillos?

La relajación vuelve a capacitar tu sistema nervioso para responder con tranquilidad en lugar de detonar la respuesta del estrés y crear ansiedad. Por supuesto, la práctica diaria garantiza que te vuelves diestro en la relajación, tanto que esta se convierte en tu respuesta inicial, en tu primera línea de defensa. Imagínate yendo por la vida en modo relajación en lugar de crónicamente ansioso ¡y a un punto de estrés para el colapso!

Pero, ¿cómo alguien se puede relajar con los innumerables asuntos presentes en la vida de Perenganito de Tal y su adorable esposa Menganita? La respuesta, por supuesto, es encontrar un ejercicio de relajación que te funcione a ti. Exploremos diversas opiniones sobre los muchos ejercicios de relajación disponibles. Podemos empezar con un psicólogo entrenado en Harvard llamado Herbert Benson, que creó una técnica llamada *respuesta de relajación*. La idea fue ayudar a las personas a respirar lo suficientemente profundo para reducir su índice respiratorio, su pulso e incluso su conocimiento. Esta técnica se popularizó rápidamente y se extendió como un incendio forestal.

Benson definió la relajación como «un estado de disminución de la excitación psicofisiológica: un estado de calma».[37] A continuación se incluye un pasaje del método de Benson.

Siéntate en silencio en una posición cómoda.

Cierra los ojos.

Relaja tus músculos progresivamente desde tus pies a tus pantorrillas, tus muslos, abdomen, hombres, cabeza y cuello.

Respira despacio y con naturalidad. Mientras lo haces, repite en silencio para ti la palabra «Uno» mientras exhalas.

Asume una actitud pasiva. No te preocupes sobre si lo estás haciendo bien. Cuando otros pensamientos lleguen a tu mente simplemente repítete a ti mismo: «Oh bien», y suavemente regresa a tu repetición.

Continúa así de 10 a 20 minutos.

No te pongas de pie inmediatamente. Continúa sentado en silencio durante algo más de un minuto, permitiendo que otros pensamientos regresen. Después abre los ojos y quédate sentado otro minuto antes de levantarte.

Practica esta técnica una o dos veces diariamente. Los mejores momentos para hacerlo son antes del desayuno y antes de la cena.[38]

---

[37] H. Benson, *The Relaxation Response*. New York, William Morrow and Company, 1975.

[38] E. Jacobson, *Progressive Relaxation*, 1938.

Las técnicas de relajación han comprobado su efectividad para reducir la ansiedad de personas de la población en general, así como de aquellas que padecen trastornos físicos o psicológicos. Su efectividad se observó al emplearlas como una técnica separada o con otros tipos de tratamiento.[39]

Pero hay más de una manera para despellejar a un gato. Edmund Jacobsen no estaba conforme con solo dar vueltas sin hacer nada respirando pesadamente. Ese tipo de relajación era evidentemente demasiado fácil para él, así que concibió una relajación que requería de más trabajo, complementada con tensas flexiones de todo tipo de músculos. Aunque nunca fue su propósito, obviamente era la mejor relajación para hombres auténticos.

Enseñó a sus aprendices a contraer y flexionar grandes grupos musculares sosteniendo la flexión durante cinco segundos antes de soltarla. El resultado es un músculo cansado que se relaja por contraste después de la flexión de cinco segundos. A continuación reproducimos un pasaje de la relajación muscular progresiva de Jacobsen.

> Piensa que estás adquiriendo ciertas habilidades, como montar en bicicleta, que te ayudarán en el futuro.
>
> Busca un lugar tranquilo aislado del ruido que te pudiera distraer. Con objeto de facilitar la relajación, la temperatura de la habitación debe ser confortable —ni muy caliente ni muy fría— y debe estar iluminada por una luz tenue.
>
> Usa un atuendo confortable, no demasiado apretado. Quítate lentes, pulseras, etcétera.

[39] F. Pagnini, «A brief literature review», pp. 71-81.

Puedes recostarte en una cama y extender brazos y piernas un poco. O también te puedes sentar en un cómodo sillón, de preferencia con brazos. Asegúrate de recargar tu cuello, hombros y espalda correcta y confortablemente.

Si pierdes el enfoque o experimentas pensamientos intrusivos durante el proceso de relajación no trates de luchar contra ellos, en vez de eso déjalos ir.

Ahora cierra los ojos.

Realiza cinco respiraciones profundas, inhalando por la nariz y dejando salir el aire por la boca lentamente. Repite este proceso cinco veces.

Después de esta repetición de respiraciones profundas, continúa respirando de manera lenta y pausada, pero con un ritmo normal.

A partir de este momento, cada vez que inhales repite la palabra «detenlo» y cada vez que exhales, «fácil».

Con esta repetición continua las palabras saldrán rítmicamente junto con la cadencia de tu respiración, y la relajación se volverá cada vez más profunda.

La densidad del bienestar y la profunda calma aumenta y se desarrolla por sí misma... «detenlo»... «fácil».

Ahora contrae enérgicamente los siguientes músculos:

- Piernas: contráelas con fuerza... suelta. Respira.
- Muslos: contráelos con fuerza... suelta. Respira.
- Glúteos: contráelos con fuerza... suelta. Respira.
- Abdomen: contráelo con fuerza... suelta. Respira.
- Espalda: contráela con fuerza... suelta. Respira.
- Pecho: contráelo con fuerza... suelta. Respira.
- Cuello: contráelo con fuerza... suelta. Respira.
- Quijada: contráela con fuerza... suelta. Respira.
- Hombros: contráelos con fuerza... suelta. Respira.

- Suelta toda la tensión y relájate por completo. Siente de inmediato la sensación de bienestar.[40]

Solo en caso de que sigas tenso, qué tal si presentamos otro método de relajación, una técnica llamada biorretroalimentción. Esencial en la psicología de la salud durante mucho tiempo, esta técnica se ha utilizado para tratar todo, desde dolores de cabeza tensionales e hipertensión hasta el déficit de atención. La neurobiorretroalimentación, prima hermana de la biorretroalimentación (asisten a las mismas reuniones familiares), pone un gran énfasis en las nuevas tecnologías de escaneo que te permiten ver exactamente lo que está pasando, dónde y cuándo. La neurobiorretroalimentación es una técnica muy nueva y menos estudiada, pero la investigación disponible hasta el momento es prometedora, especialmente para el tratamiento de los trastornos de ansiedad.

El objetivo de estos métodos, como podrás imaginar, es inducir una relajación significativa al ayudarte a colocar tu enfoque en los estímulos en lugar de en tu dolor, tensión o presión sanguínea. En la medida en que tu concentración aumenta estás en posibilidad de iniciar el camino hacia la misma respuesta relajante propuesta por Benson y Jacobson. Pero con la bio/neurorretroalimentación te beneficias de una máquina que proporciona pistas (sonidos, sensaciones o imágenes visuales) respecto a si lo que estás haciendo en realidad está reduciendo o aumentando tu tensión, ritmo cardiaco, respiraciones, etcétera.

Acuérdate del juego de frío-caliente de tu niñez, cuando tu mejor amiga está tratando de encontrar los sensacionales lentes de sol que te robaste y ocultaste en tu cuarto. Cuando se acerca a ellos dices: «caliente, caliente»; cuando se dirige en la dirección

[40] E. Jacobson, *op. cit.*

equivocada dices: «frío, frío». Las pistas de la biorretroalimentación te llevan en la dirección de la relajación total.

La historia del punto en el dedo

Por supuesto que hay otros métodos de relajación como el yoga, la meditación (incluyendo la meditación trascendental) y la hipnosis. Existe también un concepto llamado meditación *mindfulness*, que es una práctica que incorpora todos los métodos de relajación previamente mencionados en un enfoque completo para domar la ansiedad. Pero me estoy adelantando... tal vez deba relajarme.

No hace mucho tuve la oportunidad de presentar a un grupo de apoyo de párkinson el tema de la ansiedad. Discutimos muchos de los temas que se tratan en ese libro, incluyendo *mindfulness*, conexión social, ejercicio, sueño, etcétera. Durante la presentación, coloqué un punto adhesivo sensible a la temperatura en las puntas de los dedos de los participantes. El objetivo del ejercicio era demostrar cómo la cognición de cada persona (pensamientos, actitudes, creencias) influía directamente en su psicología. Un señor en particular observó lo calientes que tenía las manos —su punto se había vuelto de un azul profundo y brillante, lo que indicaba que estaba en verdad muy relajado—. Pero al final de la presentación se dirigió hacia mí para quejarse de que su punto no estaba funcionando porque cambiaba del azul profundo al verde brillante sin ninguna razón. El verde, le recordé, sugería que ahora estaba más estresado. «Imposible —afirmó enfáticamente—. Disfruté la presentación. Todo lo que hice fue levantarme para irme. No hay necesidad de estar estresado». «Muy bien, ¿en qué estaba pensando?», le pregunté. «Oh, espere —sonrió avergonzado—, estaba justamente pensando que debo recoger a mi esposa camino a casa. Odio que ella siempre trata de decirme cómo manejar».

De la cabeza a los pies, hasta la punta de tus dedos, tu mente y cuerpo son uno.

Mindfulness

Cada mañana nacemos de nuevo. Lo que hacemos hoy es lo que más importa.
Gautama Buda

No necesitas aprender a ser consciente. Ya sabes cómo hacerlo. Lo dominaste antes de que dominaras el control de esfínteres. Pero ahora debes aprender de nuevo. Mi hijo Dylan, de dos años, que tuvo la mala fortuna de nacer justo a tiempo para usarlo repetidamente en mis analogías para este libro, está muy avanzado en *mindfulness*. Ya sea que esté llenándose las fosas nasales con cereal, sobrealimentando al pez de pelea siamés o exigiéndome que lea por 47 vez *Los animales de la granja toman un baño,* vive completamente en el momento. *Siempre* está en el momento. No inicia ninguna oración con: «Sabes, papá, cuando era niño...». Actúa como si fuera ajeno a las próximas elecciones, no se inquieta sobre la posibilidad de ser un estudiante indeciso en la universidad, o si la seguridad social existirá cuando se jubile. Es un maestro zen del *mindfulness* de 80 centímetros de altura. Y, de acuerdo con Eckhart Tolle, autor de *Power of Now: a Guide to Spiritual Enlightenment* (El poder del ahora: una guía a la iluminación espiritual), «el maestro es totalmente uno con su momento».[41] No me queda claro si se refería a Dylan.

Mindfulness, al igual que muchos temas candentes en la psicología del siglo XXI, hunde sus raíces en la sabiduría antigua. *Mindfulness* está entrando en el presente sin juicio alguno. Cuando mantienes el foco en tu ahora eres incapaz de recordar tu pasado o de preocuparte por el futuro porque ahora es el único momento que existe.

---

[41] Eckhart Tolle, *The Power of Now.* Novato, Calif., New World Library, 2004.

Probablemente estés familiarizado con el concepto de «estar aquí, ahora». Sin embargo, para la mayoría de los humanos estar en el aquí y ahora y no revivir momentos del pasado o pensar en los acontecimientos futuros es casi antinatural. Se nos ha enseñado a vivir en el pasado al celebrar nuestras victorias y sus aniversarios, o regodeándonos en nuestros errores, supuestamente para no volver a repetirlos. Prepararnos para el futuro también es una actitud a la que estamos expuestos. Aprendemos a ahorrar para los tiempos difíciles o, como nos recuerdan los niños exploradores, «para siempre estar preparados».

Pero la verdadera felicidad, desde nuestro entendimiento, se vive en el ahora, el momento presente. Revisemos algunas citas importantes de algunos de los grandes maestros de todos los tiempos.

> *Todo lo que somos es el resultado de lo que hemos pensado. La mente es todo. Nos convertimos en lo que pensamos.*
>
> Gautama Buda
>
> *No se angustien por el mañana; porque el mañana tendrá sus propios afanes.*
>
> Jesús citado en Mateo 6:34
>
> *Cada vez que das un paso conscientemente, estás de vuelta en los brazos de la Madre Tierra y se te recuerda tu verdadero y dulce hogar en el aquí y el ahora.*
>
> Thich Nhat Hanh
>
> *Nunca podremos tener paz en el mundo exterior hasta que no hagamos la paz con nosotros mismos.*
>
> 14vo. Dalái Lama
>
> *Nada ha ocurrido en el pasado; ocurrió en el ahora. Nada ocurrirá en el futuro; ocurrirá en el ahora.*
>
> Eckhart Tolle

No es raro que la gente pase toda su vida esperando vivir.

Eckhart Tolle

El mejor tiempo para plantar un árbol es hace 20 años. El siguiente mejor tiempo es ahora.

Confucio

Nunca he sentido ansiedad en el momento. Siempre ha sido cuando [he] tenido tiempo para pensar en lo que vendrá o para reflexionar en lo que ha sido.

David King, patinador de figura olímpico

Oh sí, el pasado puede doler. Pero como yo lo veo, puedes huir de él o… aprender de él.

Rafiki, amigo/consejero de Simba, en *El rey león.*

A pesar de que la reducción de estrés con base en *mindfulness* (REBM) y la reducción de estrés cognitivo-conductual (RECC) pueden ser efectivos para aminorar el estrés percibido y la depresión, REBM puede ser más efectivo para incrementar la habilidad de cada quien para quedarse en el momento, aumentando la energía y disminuyendo el dolor.[42]

Ahí tienen la opinión de seis líderes espirituales, un atleta olímpico y un mandril. Pero a veces la sabiduría antigua es, bueno, antigua. Y no siempre sabia, con el debido respeto a la Sociedad de la Tierra Plana y los Cazadores de Brujas de Salem. ¿De qué manera *mindfulness* (quedarse en el ahora) se mide cuando se investiga científicamente? Muy bien, en realidad. De acuerdo con la riqueza de investigación que existe en el estudio científico del *mindfulness* se puede afirmar lo siguiente con total confianza en el aquí y ahora: a las personas que practican el arte de la reducción de estrés con base en *mindfulness* (REBM) les disminuye la

[42] B. Smith, «A pilot study comparing», pp. 251-258.

presión sanguínea y el azúcar en la sangre, revierten la enfermedad cardiaca, les baja el colesterol, equilibran los niveles hormonales, reducen los síntomas psicológicos de la ansiedad, refuerzan las funciones inmunes, disminuyen la percepción de estrés y depresión e incrementan los niveles de energía. De hecho, en una investigación que compara los efectos de la reducción de estrés con base en *mindfulness* y la reducción de estrés con base cognitiva, los resultados indicaron que a pesar de que ambos enfoques fueron muy efectivos, el grupo entrenado en *mindfulness* tuvo mejores resultados respecto a la energía, la reducción del dolor y una disminución en la tendencia a darse atracones.[43]

Déjenme ponerlo de esta manera. Si supieras que existe una pastilla que pudiera lograr la anteriormente mencionada lista de beneficios en la salud —digamos que incluso la mitad de esa lista—, ¿la tomarías? ¿Entonces qué te detiene para que aprendas la práctica de *mindfulness*?

¿Es posible estar *siempre* en el momento? Difícilmente. Apuesto a que Buda se preocupó, el Dalái Lama se lamentó y Jesús sufrió. Estoy seguro de que tú también lo harás. Pero permíteme darte una regla de oro que encontrarás útil: si abandonas el presente en favor del pasado es mejor hacerlo para recordar lecciones útiles o hechos o historias humorísticas. Si estás clavado en el pasado por remordimiento y/o resentimiento, necesitas terminar con lo que está inacabado para ti (ver Capítulo 10).

Si dejas el presente por el futuro es mejor que sea para planear la boda de tu hija y no para preocuparte de si sus hijos heredarán las orejas puntiagudas de su padre. Planear es saludable, preocuparse es tóxico. ¿Qué tal si estás preocupado por un problema agobiante? Toma nota de él, acéptalo y después acompáñalo a la puerta de tu

---

[43] B. Smith, *op. cit.*

mente. Si regresa repite el proceso. No intentes no pensar en él ya que eso no funcionará. ¿Alguna vez intentaste no pensar en un oso blanco?[44]

Quédate en el ahora y disfruta cada momento, porque en realidad ¿qué otra cosa tienes? Una cita más:

Practica el mindfulness *como si no hubiera mañana.*

Dr. Cristopher Cortman, psicólogo mal pagado

Yoga

Te hemos ofrecido ya varios estilos diferentes de relajación, incluyendo la respiración diafragmática en el Capítulo 4, la relajación de Benson, la relajación muscular progresiva de Jacobson, y la bio/neurorretroalimentación. Y sin embargo, todavía no tocamos el milenario arte y práctica del yoga, a pesar del hecho de que el yoga es una parte integral de la reducción de estrés con base en *mindfulness* (REBM) y tiene un historial de eficacia en el tratamiento de la ansiedad. Darle al yoga el lugar que merece, no solo como un componente de *mindfulness* sino como un estilo de vida y una práctica saludable, requeriría otro libro dedicado solo a los muchos tipos y prácticas de yoga. Además, la práctica efectiva del yoga supera con mucho los niveles de aptitud de tres psicólogos occidentales, con el debido respeto a aprender a ejecutar la postura del perro bocabajo en la playa Siesta.

Pero por el momento tomemos prestada una cita del todopoderoso Oz (doctor Mehmet Oz), que afirma: «Comprobar que el yoga funciona no es el punto; ahora es tratar de determinar cómo funciona».[45]

Entender cómo meditar es otra clave para aprender a practicar el REBM. Y bajo el riesgo de estresarte al proporcionarte otro

---

[44] Daniel Wegner, *The White Bear Story*, Departamento de Psicología, Universidad de Rice.

[45] Dr. Mehmet Oz, *Yoga Unveiled,* 2004.

ejercicio de relajación reductor del estrés, ¿te puedo presentar una meditación *mindfulness* básica?

Meditación *mindfulness*

Empieza esta meditación por encontrar una postura o posición que te sea cómoda. Sentarse en el piso con las piernas cruzadas es lo tradicional y puede ser lo mejor, pero es importante intentar encontrar una postura en la que te sientas cómodo durante 20 minutos más o menos. Esta postura se define a menudo como cómoda pero erguida, relajada y presente. Observa el peso y el contacto de tu cuerpo en esta posición sentado. Date cuenta de lo que está aquí en este momento. Deja que tu atención se fije en tu respiración. Tu respiración es tu centro y siempre será el lugar al que regresarás tus pensamientos si sientes la necesidad de reenfocarte en cualquier punto.

Lleva tu conciencia al suave subir y bajar de tu aliento en tu abdomen. También puedes observar tu aliento cuando entra y sale de tu cuerpo. Percibe el aire cuando entra en tus fosas nasales y tu abdomen se expande mientras inhalas. Siente cómo el aire sale suavemente de tu cuerpo cuando tu vientre se suaviza. Sé consciente de tu respiración —una respiración a la vez—. Una sola respiración. ¿Cómo se siente en este preciso momento?

Con frecuencia otras experiencias llegarán a tu conciencia, distrayendo a tu mente del momento de una sola respiración. Muchas personas encuentran que están muy conscientes de los sonidos cuando empiezan a practicar. Puede ser el tráfico de la calle o un perro vecino ladrándole a un transeúnte. Si olvidaste apagarlo, puede ser incluso tu teléfono. Cualquier cosa que sea, escúchala hasta que ya no retenga tu atención y entonces devuelve el foco a tu respiración.

Puedes sentir que tu estómago gruñe o tener una sensación corporal que se vuelva más fuerte que tu enfoque en la respiración. Cuando esto ocurra, suelta tu conciencia en la respiración y permite que tu atención y tu foco se dirijan a la sensación de tu cuerpo. Observa si disminuye en intensidad cuando te enfocas en ella. O tal vez crece o cambia hacia otra sensación. Otra vez, cuando termines con esa experiencia, devuelve tu atención a tu respiración.

Investigadores de la Universidad Carnegie Mellon hallaron que sesiones de tan solo 25 minutos de entrenamiento en *mindfulness* durante tres días consecutivos resultaron en una significativa reducción del estrés en comparación con personas que realizaban las mismas tareas pero que no habían tenido dicho entrenamiento. Además de los reportes subjetivos de los participantes, las muestras de saliva que proporcionaron todos mostraron que el entrenamiento en *mindfulness* —solo tres sesiones— resultó en un cambio en los niveles de cortisol. Al cortisol frecuentemente se le llama la *hormona del estrés*.[46]

Tu respiración es tu hogar y tu centro. Puedes encontrar tu foco dibujado en el momento exacto en que una inhalación se convierte en una exhalación. Si cobras conciencia de una emoción cuando estás sentado respirando, tal vez sea la emoción en la que te debas enfocar. Específicamente siente en qué parte de tu cuerpo se localiza esa emoción o a qué está ligada. Observa si sientes alguna tensión u opresión con ella. Tal vez experimentes un temblor o vibración. Usualmente hay sensaciones que observar cuando estamos experimentando una emoción. Obsérvalas y siéntelas en tu cuerpo. Descubre cómo sientes esa emoción. Etiquétala. ¿Frustración? ¿Enojo? ¿Rabia? ¿Tristeza? ¿Felicidad? Una vez que la emoción deje de llamar tu atención permite que tu mente la suelte.

---

[46] J. Creswell, «Brief mindfulness meditation training», pp. 1-2.

También encontrarás que estás consciente de pensamientos de fondo mientras te enfocas en tu respiración. Eso es normal y está bien. El objetivo de la meditación *mindfulness* es doble: practicar resueltamente atendiendo a una sola experiencia en el momento y aprender a soltar intencionalmente esa experiencia (emoción, sensación física, pensamiento, y así sucesivamente) y regresar a un estado de presencia inmediata. A menos de que los pensamientos en tu cabeza se agranden y desvíen tu atención de tu conciencia de la respiración, déjalos ser. Puedes desear etiquetarlos como *pensamiento* de la misma manera que etiquetaste las emociones. Si ves que te has perdido en pensamientos o que estás pensando activamente e ignorando tu respiración, etiquétalo con una palabra como *divagando* o *pensando* y regresa a tu centro. Regresa a tu respiración. Este es el momento de que practiques mantener un foco único. Date permiso de pensar más tarde.

Si encuentras que pensamientos repetitivos siguen desviándote de la conciencia de tu respiración, etiquétalos. Palabras como planear, preocuparse, recordar, probablemente se pueden incluir. No hay etiquetas buenas o malas. Estos son tus pensamientos. Estas son tus etiquetas. Esta es *tu* práctica.

El hecho de etiquetar con frecuencia hace que el pensamiento desaparezca. Si permanece, revisa tu cuerpo para ver si existen sensaciones corporales en él que puedas notar. Sé curioso con los pensamientos y observa qué son. Si, en algún momento algo de esto se siente incómodo o confuso, suavemente devuelve tu atención a tu respiración. En tu conciencia, sin importar lo que esté sucediendo a tu alrededor, tienes la habilidad y el enfoque para regresar a tu respiración. Esta es tu centro, tu hogar y un lugar al que siempre puedes volver a voluntad.

Esta es tu experiencia. Relájate en ella. Sé consciente. Sé curioso. Esta es una manera de explorar tu propia mente sin juzgarla. El tener una actitud de curiosidad y amplitud te permitirá integrar más fácilmente todas estas experiencias. Estás siendo testigo de ver tu vida desdoblarse ante ti —momento a momento— en una forma nueva.

Es mejor estar en esta meditación *mindfulness* durante unos cuantos minutos cada vez. Muchas personas la encuentran más difícil de lo que pensaron. Si esta es también tu experiencia, de todas maneras sigue adelante. Hazte el propósito de añadir un minuto o dos una vez que estés cómodo y más allá de cuánto tiempo has estado practicando. Si bien la verdadera práctica nunca será perfecta, la paciencia es un regalo de calma interior.

Cuando estés por terminar tu práctica, date un momento para agradecerte. Las siguientes son frases tradicionales, pero siempre utiliza la que sientas adecuada para ti.

Que esté libre de daño y peligro interior y exterior. Que esté a salvo y protegido.

Que esté libre de sufrimiento mental y angustia.

Que sea feliz.

Que esté libre de dolor físico y sufrimiento.

Que sea saludable y fuerte.

Que pueda vivir en este mundo feliz, en paz, alegremente, con comodidad.

Destructor de ansiedad

Visualización y atletas

Dr. Harold Shinitzky, psicólogo deportivo

Finalmente alcanzaste tu sueño. Caminas en el diamante de beisbol. El pasto verde semeja un prado campestre. El tamaño del estadio es como el Coliseo romano. Has trabajado diligentemente para ganarte el derecho a competir en el nivel más alto de tu deporte. Sin embargo, experimentas una punzada de ansiedad en la forma de tensión muscular y pensamientos que ponen en duda tus capacidades.

A lo largo de años de trabajar con atletas jóvenes calificados nacionalmente y con atletas olímpicos profesionales de las grandes organizaciones, he encontrado que el dominio de la visualización es una de las herramientas más poderosas en el entrenamiento. Quiero mencionar una intervención de tres habilidades: respiración profunda, entrenamiento de relajación muscular y visualización.

Lo importante de la visualización es que incrementa las conexiones de los neurocircuitos entre el cerebro y el cuerpo. Cualquier cosa que tus ojos ven es tu realidad. Si visualizas la forma correcta en la que tu cerebro se acostumbra y desarrollas la memoria muscular al ensayar un resultado exitoso en esa situación imaginaria. La memoria muscular se vuelve más automática en la medida en que entrenas y dominas estos pasos por lo menos tres veces al día. Recuerda que te vuelves mejor en aquello que practicas. Si practicas pensamientos saludables, visualizas cómo manejarías una situación futura y controlas tu respuesta hacia la situación, verás el progreso. Los deportes individuales permiten el enfoque en un atleta en particular, en tanto que los deportes de equipo alientan al deportista a confiar en sus compañeros/compañero y a la vez se enfocan en sus responsabilidades individuales. Quiero aumentar el impacto de esta habilidad utilizando los cinco sentidos. Date cuenta de que el lenguaje que se emplea debe encajar con la persona/atleta/deporte individual.

Permíteme emplear un ejemplo de un patinador artístico de pareja para ilustrar cómo puedes implementar esto en tu rutina diaria. Empezamos como siempre haciendo que el atleta se coloque en una posición cómoda con la cabeza apoyada, los ojos cerrados y enfocado en su ritmo respiratorio de inhalar y descansar. Después pasamos a hacer más lenta la respiración haciendo grandes inhalaciones, y al exhalar permitir que sus músculos se relajen y estiren. A continuación, la poderosa herramienta de la visualización inicia. Le pido a mi atleta que se imagine en el entrenamiento. Imagínate que estás en la pista de hielo. Contempla la pista como un pacífico y silencioso estadio. Siente cómo el aire frío vigoriza tu piel. Cuando inhalas puedes sentir el aire frío que es tan familiar a tu vida de patinador. Continúa en este estado relajado e imagina que entras al hielo con tu compañera. Puedes confiar en tu compañera ya que ella también ha invertido un enorme esfuerzo y entrenamiento. Estás en una condición física óptima después de hacer pesas, estirarte en el yoga, alimentarte adecuadamente y comprometerte con un objetivo a largo plazo. Sientes la excitación de tener la oportunidad de entrenar y das lo mejor de ti. Tienes confianza y serenidad. Mientras patinas hacia el centro de la pista con tu compañera anticipas el inicio de la música. En cuanto la música empieza se mueven en sintonía, como una pareja que se convierte en uno. Según vas desarrollando tu rutina sabes qué maniobras siguen. Obsérvate hilando un movimiento a la vez: una elevación, un giro, un salto triple, la secuencia de pasos y para terminar en una bella espiral de la muerte. Tú no giras más ni menos. Te deslizas de una esquina interior a otra exterior con total precisión. Te sientes fuerte pero también elegante. Eres potente y a la vez estás relajado. Tienes confianza de dar lo mejor de ti pero no eres arrogante. Mientras haces una profunda inhalación y llenas tus pulmones a su máxima capacidad, permaneces relajado y enfocado, positivo y consciente. Te dices a ti mismo que confías en tu entrenamiento, que tienes experiencia y que estás calificado y te has ganado el puesto en este evento. Estoy en el momento. Aprendo de mi pasado. No me preocupo por el futuro. Tengo la habilidad. Ahora es tiempo de brillar. Estoy listo. Mi meta es dar lo mejor.

Les pido a mis atletas que practiquen la respiración profunda, la relajación muscular y la visualización por lo menos tres veces al día.

Ahora, imagina cualquier situación de tu vida que quieres superar y empieza a practicar visualizando cómo lograr tus metas, controlar tu respuesta y desempeñarte para alcanzar tus estándares más altos. Tu medalla de oro te espera.

6 Fobias

Aquel que teme sufrir,
ya está padeciendo sus miedos.
Michel de Montaigne, *Los ensayos*

El miedo es bueno. Te protege de decisiones dudosas, como viajar en el techo del jeep de tus amigos borrachos o enviar una carta a Hacienda diciéndole: «¿Ah sí? ¿Y a mí quién me va a pagar?». Pero las fobias, por definición no son solo miedos, son miedos irracionales. No tienen sustento en la realidad.

Permíteme explicarte. No tengo nada contra las cosas babosas, pero preferiría no tener que acurrucarme con un anfibio en una noche fría y lluviosa si lo puedo evitar. Supongo que eso es completamente normal. Pero no para Linda. Ella padece una condición que se llama batraciofobia —miedo a las ranas— que es tan debilitante que influye en todas sus decisiones, desde dónde estacionar el coche hasta dónde vivir. La sola mención de la palabra *rana* le provoca una terrible ansiedad y expresiones faciales de dolor. Un intruso anfibio en su casa provoca gritos que hacen temblar la tierra y la llamada a un vecino que tiene a su cargo la tarea de encontrarlo y sacar a la ahora petrificada criatura. Eso la hace retraerse. No es fácil ser Linda, y no es fácil ser verde.

Ataque cardiaco *vs.* Ataque de pánico

De acuerdo con el Centro de Control de Enfermedades, casi cada 25 segundos un estadounidense sufrirá un evento coronario, y casi cada minuto morirá a causa del mismo. Cada año cerca de 715,000 estadounidenses tienen un ataque cardiaco. De estos, 525,000 son el primer ataque y 190,000 ocurren en personas que han sufrido un ataque cardiaco previamente.

La mejor forma de diferenciar entre un ataque cardiaco y un ataque de pánico es sencillamente acudir al doctor o a la sala de urgencias para un examen del corazón. Es más probable que sea un ataque al corazón cuando hay sensación de dolor o presión; tensión, compresión o ardor; inicio gradual del dolor en el curso de unos minutos; dolor en un área difusa que incluye la mitad del pecho; dolor que se extiende al brazo izquierdo, el cuello, la mandíbula o la espalda; dolor o presión acompañado de otros signos como dificultad para respirar, sudor frío o náusea súbita, o dolor o presión que aparece durante o después de ejercitarse físicamente, de estrés emocional o mientras se está en reposo.

Menos probable que sea un ataque cardiaco: un dolor agudo o punzante provocado al respirar o toser; un súbito dolor punzante que dura solo unos segundos; dolor claramente en un lado u otro del cuerpo; dolor que se localiza en un punto pequeño; dolor que dura muchas horas o días sin ningún otro síntoma y dolor producido al presionar el pecho o durante el movimiento corporal.[47]

---

[47] S. L. Murphy, «Deaths: Final Data for 2010».

El doctor Reid Wilson, médico de la Asociación de Ansiedad y Depresión de América, afirma: «Aquellos que nunca han sufrido un ataque cardiaco —pero que han sido diagnosticados con trastornos de pánico y temen un ataque cardiaco— deben realizarse una rigurosa evaluación física para determinar la salud de su corazón. Si no están en riesgo de un ataque cardiaco, entonces iniciamos el trabajo psicológico».

Corey es un tipo rudo. De hecho, es un antiguo marino de más de 1.80 de estatura. En la actualidad pasa sus días escondiéndose tras los arbustos y pescando a la gente por exceder el límite de velocidad como policía estatal. Pero Corey tiene un miedo ciego y paralizante a los payasos, una condición conocida como coulrofobia. Como muchas fobias, la coulrofobia no interfiere con la vida de Corey muy frecuentemente, excepto por el hecho de que trabaja junto a un grupo de hombres buenos y sensibles que siempre están tratando de ayudar a Corey a superar sus miedos. En consecuencia, hacen cosas tan amables como colocar payasos de peluche en su casillero y llevar narices rojas y zapatos grandes al trabajo. En su cumpleaños se superaron: Corey estaba muy emocionado por el pastel de cumpleaños que estaba en el privado, hasta que el *Feliz cumpleaños* empezó a sonar, y el hombre que la cantaba ¡era un payaso del circo local que habían contratado! Todo mundo rugió de risa, excepto el hombre traumatizado por la broma: Corey, y el hombre al que casi destroza por su cuenta afuera de la puerta: el payaso del circo.

Este es un ejemplo de la vida real sobre la extrema volatilidad que encierra una fobia típica. Piensa en el miedo a los esteroides. Pero las fobias, a pesar de que son sumamente tratables, rara vez lo son porque por lo general no interfieren con la vida normal. Cuando lo hacen, con frecuencia pueden evitarse. Muchos de mis pacientes, por ejemplo, han padecido ofidiofobia, el miedo a las serpientes, pero ninguno de ellos ha acudido a mi consultorio por esa razón. De hecho, por común que sea esta fobia, nunca he tratado a un paciente por esa causa. Y hay muchas otras fobias parecidas que acosan a la gente lo suficiente para evitar las situaciones y eventos, pero nunca buscan tratamiento: Michael una vez se cayó de un puente —es una larga historia— pero ahora padece gefirofobia, miedo a cruzar (y caerse) de los puentes, por lo que los evita lo más que puede. Sophie perdió todo lo que tenía en un tornado y ahora sufre lilapsofobia —miedo a los tornados—, por lo que se cambió de Oklahoma a Florida. No tengo corazón para hablarle de los huracanes. Yo (doctor Corman) sufro de acrofobia, miedo a las alturas, o habría elegido ser un hombre mucho más alto.

El nacimiento de una fobia

Hablemos de cómo se forman las fobias, puesto que parece que no nacemos con ellas. Si recuerdan la investigación clásica de Iván Pavlov, un científico ruso que por alguna razón desconocida estaba fascinado con la saliva de los perros, podemos empezar por ahí. Al asociar el sonido de una campana con el estímulo de la comida empezó a provocar salivación en el hocico del perro. Así que al sonar la campana los perros se babeaban todos. Pronto, Pavlov cayó en la cuenta de que ya no tenía que presentar la comida. El mero sonido de la campana estimulaba una reacción de salivación en estado avanzado.

De igual manera, resbalarse en un velero puede provocar el temor a ahogarse que se presenta incluso ante el *pensamiento* de entrar al océano. Una mordida de un perro o un ataque canino puede convertir al más encantador cachorro en un rottweiler sediento de sangre. Igualmente, un rompimiento doloroso puede generar miedo al compromiso, una condición conocida como kakorrafiofobia. (Adelante, date un momento para practicar y decírsela a tu amor de tres años: «Si no fueras tan endemoniadamente kakorrafiofóbico, tal vez podríamos tener un futuro…»). Por tanto, el miedo que produce un solo incidente se asocia con categorías generales como puentes, océanos, perros o incluso el compromiso con el compañero, para producir un miedo intenso e irracional conocido como fobia.

Tratar una fobia

Entonces, una vez que una fobia nace tiene la oportunidad de crecer y desarrollarse en una entidad poderosa. ¿Cómo? Se refuerza cada vez que piensas en ella, sientes el miedo que la acompaña y después la evitas. Recuerda que la evasión proporciona mucho alivio y te permite un maravilloso retorno a la paz, la tranquilidad y la respiración profunda. Mantente alejado de los encuentros con ese estímulo inductor de miedo y estarás bien. Confronta el estímulo, o incluso piensa en hacerlo, y la ansiedad se dispara hasta el techo. Cuando piensas en él de esta manera es una elección fácil. Y entonces tu fobia crece con cada evasión.

La investigación revela que las personas con trastornos de ansiedad social que participaron en un programa de tratamiento de 12 semanas que incluía terapia conductual-cognitiva (TCC), experimentaron cambios físicos en el cerebro. Dichos cambios coincidieron con resultados terapéuticos positivos. Dicho sucintamente: este es tu cerebro; este es tu cerebro en terapia.[48]

Pero si en algún punto reconoces la necesidad de superar tu fobia, hay una esperanza. Otra vez, las fobias son sumamente tratables. Así que echemos una mirada más de cerca a Jen, de 21

[48] O. Doehrmann, «Predicting Treatment Response in Social», pp. 87-97.

años, que durante las dos primeras décadas de su vida había evitado con éxito subirse a un avión. A Jen la petrificaba viajar por aire, no a causa de una experiencia previa a 35,000 pies de altura sino más bien por las horribles catástrofes que *imaginaba* que podían ocurrirle.

Jan se hubiera mantenido lejos del viaje aéreo por otro par de décadas —asistía a una universidad local y en vacaciones manejaba o iba en crucero—, de no ser porque tuvo la oportunidad de su vida por parte de una conocida de la universidad: por el precio del boleto de avión y de lo que quisiera comer, podía viajar a Europa, específicamente a Inglaterra, Francia e Italia, con hospedaje y visitas guiadas gratis. Era demasiado atractivo para que Jen lo dejara pasar; sabía que era tiempo de confrontar su fobia. El ingrediente principal para superar una fobia es la motivación a hacerlo. Jen estaba lista.

Por supuesto que empezamos hablando sobre sus sentimientos, desde el terror hasta el entusiasmo, y un plan para atacar su fobia frontalmente. Le expuse que probaríamos un enfoque completo (que tomaba prestadas las herramientas de los capítulos 4 y 5) para superar su pteromeranofobia. Sin importar lo difícil que pudiera ser el trabajo, le di la seguridad de que era más fácil ya fuera que: 1) volara a su destino europeo, o 2) pudiera pronunciar su fobia. Jen estuvo de acuerdo.

La primera herramienta que empleé fue la relajación muscular progresiva de Jacobson (ver Capítulo 5), uno de los tipos más populares de inducción a la relajación. Jen practicó contraer y relajar los grupos de grandes músculos para aprender a estar consciente de su tendencia a estresarse y a relajar su cuerpo deliberadamente. A Jen le gustó el ejercicio porque deseaba ser capaz de oprimir su propio botón de «relajación» en lugar del que usaba con más frecuencia, el de «¡vuélvete loca, ahora!».

Cuando alcanzó cierto nivel de pericia la llamamos Jenmaster,[49] porque ya iba ganando confianza en su capacidad de relajarse y porque rimaba muy bien con Zenmaster, y a ella le parecía genial.

Después, introduje el brillante concepto de Gary Emery sobre enfoque = energía, recordándole que, a pesar del hecho de que estuviera sentada en un avión, podía estar en cualquier parte que quisiera estar, en cualquier parte que eligiera su foco. Por ejemplo, si decidía leer un libro sobre excursiones, podía estar en París; si elegía platicar con su vecino de la izquierda podía entrar a la vida de un total extraño; si entraba a internet podía restregar su viaje en la nariz a su exnovio. Jan eligió el sudoku como el lugar donde enfocaría su energía. De esta manera, cualquier momento difícil a bordo podía redireccionarse hacia la búsqueda de los números 1 al 9. Adicionalmente, Jen añadió la música como una alternativa para distraerla de los pensamientos inductores de ansiedad. Estaba empezando a caer en la cuenta de que podía enfocarse en cualquier parte en cualquier momento o en cualquier cosa que escogiera. La ansiedad no la atacaría; ¡ella tendría que generarla con pensamientos catastróficos y sintiéndose atrapada y horrorizada!

¿Sabías que el mundo virtual puede proporcionar alguna ayuda para enfrentar fobias específicas? Un enfoque alternativo a la terapia que te coloca frente a frente con la situación temida en la vida real es la Terapia de Exposición a la Realidad Virtual (RV). Su poder real puede deberse al hecho de que la mayoría de las personas prefiere la realidad virtual por sobre la exposición en la vida real.[50]

---

[49] Juego de palabras en inglés con el término *master*, maestro.

[50] Palacios Gracia, *et. al*, «Comparing Acceptance and Refusal Rates», pp. 722-724.

Se utilizaron más técnicas de pensamiento racional, incluyendo una tasa base de la probabilidad de que un accidente aéreo generara su último temor, la muerte. Investigamos la probabilidad y descubrimos que era más factible que se sacara la lotería, diera a luz a trillizos, o fuera devorada por un gran tiburón blanco que morir en un accidente de un avión comercial. Decidimos que probablemente había una mayor oportunidad de que el tiburón se sacara la lotería y diera a luz trillizos antes de que ella se cayera, de acuerdo con la información que descubrimos. Jen también halló eso reconfortante.

Ello condujo a ejercicios cognitivos reestructurantes, compuestos de dos partes: 1) atrápate cuando los comentarios negativos internos empiecen y, 2) añade un comentario positivo, constructivo, productivo basado en la realidad. En otras palabras, cualquier pensamiento como: «¡Sé que algo terrible ocurrirá en el vuelo!» puede ser reemplazado por «Estoy tan orgullosa de mí misma por tomar este vuelo y agradecida por esta impresionante oportunidad. Disfrutaré cada minuto de esta aventura, ¡incluyendo un vuelo transatlántico!».

¿Sabías que ahora existe evidencia de diferentes países que ha demostrado que el empleo del Tratamiento de una Sesión (de más de tres horas) puede ser efectivo en el tratamiento y proporcionar una importante mejoría en las vidas de los niños y adolescentes con fobias específicas?[51]

Se aplicaron estas herramientas y otras ya mencionadas, incluyendo *mindfulness*, reemplazar la preocupación con la fe y soltar todas las cosas que no estaba en su mano controlar. Incluso

[51] L. Reuterskiold, «Fears, Anxieties and Cognitive-Behavioral», pp. 1-7.

la proveímos con escenas humorísticas de su programa de televisión favorito, *South Park*, para prepararla en caso de que requiriera distracciones y esfuerzos más deliberados para modificar la emoción. Pero después llegó la herramienta eléctrica más importante, la *aproximación sucesiva*.

La aproximación sucesiva, como se mencionó en el Capítulo 5, es el proceso de enfrentar tu miedo más grande mediante una fórmula de paso a paso. Con frecuencia es un proceso de diez pasos, como el que creamos para Jen. El paso uno fue un estado relajado en mi consultorio, seguido de una plática sobre volar, manejar hacia el aeropuerto, pasar por el proceso de registro, y así sucesivamente, hasta que llegó al miedo principal: turbulencias sobre el Atlántico.

Practicamos todo esto primero en imágenes (la técnica llamada desensibilización sistemática —véase el Capítulo 5) y después en vivo (la vida real). Para asegurarnos de nuestro éxito, Jen y yo nos encontramos en el estacionamiento del aeropuerto una semana, en el aeropuerto la siguiente semana, y después nos reunimos para el entrenamiento de relajación en el Learjet de un amigo una semana después. (Sirve tener amigos en las altas esferas). Por último, mi amigo nos llevó a Jen y a mí en un vuelo de media hora para generar una simulación lo más cercana posible que pudiéramos imaginar a su inminente viaje. Jen se comportó bien; el vuelo no tuvo incidentes. Parecía totalmente lista para su viaje, que era solo cuatro días más tarde.

El día del vuelo de Jen estaba en sesión cuando mi celular me indicó que había recibido un mensaje. Cuando terminé la sesión eché un vistazo a la imagen de una sonriente Jen parada con sus amigas en la punta de la Torre Eiffel. El mensaje decía: «Llegué a salvo a París. Por favor revise mi billete de la lotería. Con cariño, Mandíbula y los Tres Tiburones Bebés».

Devon era un hombre de 47 años en medio de un horrendo divorcio. Estaba menos que enamorado de las excentricidades de su futura exesposa y su abogado «sediento de sangre». Recientemente empezaba «a experimentar ataques de pánico» ante el solo pensamiento del proceso legal que se avecinaba. Así que decidió escapar de la bajeza y tomó una excursión para hombres en un crucero. Él y sus amigos hicieron tubing[52] en un río en una gruta en Belice. Devon se estaba divirtiendo mucho hasta que escuchó un siseo y se dio cuenta de que la cámara de su llanta tenía una fuga y estaba perdiendo aire. «Le dije a mis amigos: 'Oigan, mi cámara está ponchada', pero ellos continuaron bajando por el río. Así que estaba completamente solo, en la pendiente de una oscura cueva ¡en medio de la maldita nada! Mi primer pensamiento fue, ¡bueno aquí se acaba todo! Pensé que podía entrar en pánico, pero recordé que usted dice que el pánico nunca ayuda a resolver nada; solo crea problemas».

—Entonces ¿qué hizo?

—Justo eso. No tenía un buen plan para atravesar el río sin una cámara, sabía que era muy peligroso, así que me paré en un bajo donde el agua me llegaba a los tobillos en espera de una idea brillante. Y entonces, de la nada, apareció un guía en el río con una cámara nueva para mí. Me sentía tan orgulloso de mí mismo por no haber entrado en pánico y haber empeorado las cosas. ¿Sabe qué más me confortó? Sabía que aunque me hubiera quedado en esa cueva para siempre, por lo menos el abogado de mi mujer no me hubiera encontrado nunca.

---

[52] El *tubing* consiste en dejarse arrastrar por la corriente de un río, a lo largo de un tramo determinado, sobre la cámara interior de una llanta de tractor. (*N. de la T.*)

Mensajes para llevar a casa

1. Todas las fobias empiezan con una asociación.
2. La respuesta más común (y las menos benéfica) es la evasión.
3. Las habilidades de afrontamiento emocional más sanas abordan las fobias.
4. Las mejores estrategias de afrontamiento generalmente incluyen un rango de enfoques de herramientas de jardín o eléctricas para disminuir las reacciones físicas, así como los pensamientos y sentimientos.
5. El éxito con las fobias ocurre una vez que el individuo sobrevive a sus peores temores y se da cuenta de que el éxito se basó en sus nuevas y adaptables estrategias de afrontamiento.

Ejercicios

1. Lo único a lo que hay que temer es al miedo mismo

A. Enumera los miedos o fobias que tengas.

B. ¿Cuándo empezaron tus miedos o fobias?

C. ¿Qué ocurrió antes de las fobias que provocó el miedo?

D. ¿Cuál es el peor resultado que puede ocurrir?

E. En realidad, ¿cuál ha sido el peor resultado en tu vida respecto a tu(s) fobia(s)?

2. La vida más allá de las fobias

A. Enumera tus miedos o fobias.

B. ¿De qué manera tus miedos o fobias han interferido con tu vida?

C. ¿Cómo te sentirías si pudieras hacer todas las cosas que tus miedos o tus fobias te han impedido?

D. Describe en qué medida te gustaría vencer tus miedos o fobias.

3. Colocando tu pasado detrás de ti

A. Enumera todos tus miedos o fobias.

B. Enumera tu variedad personal de herramientas de jardín o eléctricas que encuentras útiles.

C. Crea un registro que analice qué herramientas ayudaron a disminuir tus miedos o fobias a lo largo de las siguientes semanas.

7
Trastorno de pánico

Como regla, lo que no está a la vista perturba la mente de los hombres más seriamente que lo que ven.
Julio César

Ahí estás, ocupándote de tus asuntos y ¡ZAZ! De pronto tu cuerpo sufre una emboscada peculiar, multisistema, que te deja sin aliento y deseando haber finalizado tu última voluntad y tu testamento. «¡Qué demonios está ocurriendo!», te preguntas. Tu pecho está tenso, pesado, constreñido (algunos dicen que se siente como si un elefante se arrodillara reverentemente sobre tu pecho), tu respiración es agitada y superficial —no puedes recuperar su ritmo—. Puedes sufrir cambios muy notorios en tu visión y audición, cosquilleo en brazos y piernas (parestesias), náusea, el estómago revuelto, debilidad en las rodillas, y una horrible sensación de que estás a punto de: a) morir; b) volverte loco; c) sufriendo un ataque mortal al corazón, o d) todo lo anterior. Temes estar muriendo y temes no estarlo.

Este «ataque» dura unos minutos o (raramente) horas y te vacía por completo del suministro de energía del día y parte de la de mañana. Sientes como si hubieras corrido un maratón, y en cierta manera lo hiciste. Estás agotado, agitado y todavía preguntándote si hay algo *muy mal* con tu corazón o tu mente. Lo que sabes es que nunca te habías sentido tan mal en tu vida y le pides a Dios que sea lo que sea nunca jamás te vuelva a ocurrir otra vez. Pero no eres el mismo después de este episodio. *Acabas de experimentar tu primer ataque de pánico.*

Tus intenciones son claras: quieres olvidar esa experiencia y atribuírsela al estrés, el calor o al pastel de carne de tu cuñada. Pero de alguna manera sabes que hay algo más profundo que eso. Y en lugar de olvidar el asunto no puedes evitar pensar en tu ataque. Para decir verdad, estás *pre-ocupado* por él. Tu familia te aconseja que vayas con tu médico y se lo platiques, pero tú no quieres hablar de ello, como si con hablar sobre él avivaras a la bestia interna.

Y entonces sucede —¡vuelves a tener otro horrible ataque!—. Esta vez vas a urgencias y después de una espera de tres horas y media te confirman que es *solo* un ataque de pánico. Te recetan benzodiazepina y te dicen que reduzcas el estrés. Tu corazón está bien, no hay de qué preocuparse.

Tú no quieres depender de tranquilizantes para pasar tu día pero parece que ellos mejoran la situación. Y, la verdad sea dicha, cualquier cosa es preferible a experimentar otro de esos ataques.

Con el tiempo los ataques se presentan en lugares que parecen al azar: el supermercado, un restaurante lleno de gente y el puente que cruzas para ir al trabajo. Lugares que antes eran normales, incluso agradables, ahora los asocias con sentimientos de ansiedad porque al haber sufrido un ataque de pánico en ellos se han contaminado. Incluso cuando no hay pánico piensas que te puede dar un ataque, así que no tienes paz.

Cada lugar donde has experimentado pánico es ahora un lugar que intentas evitar lo más posible. Pones pretextos para que otros vayan a las tiendas de comestibles, estás demasiado ocupado para salir a comer, y con el tiempo encuentras la manera de que tu médico te dé un justificante para faltar al trabajo. Por la razón que sea, el pánico no te invade en tu casa. Te sientes seguro, bajo control, de alguna manera aislado en una cubierta embrionaria que te permite una mayor oportunidad de relajarte. No lo admites ante nadie, pero en estos días sales de casa con menos frecuencia. Cada vez que lo haces sientes un agudo aumento de la ansiedad y el temor de que otro ataque sea potencialmente inminente. En algún punto, no necesariamente una fecha que hayas marcado en el calendario, dejas de salir por completo.

Ahora padeces trastorno de pánico con agorafobia.

Agorafobia

¿Y qué demonios es agorafobia? La palabra se deriva del griego y se traduce como «miedo al mercado». Pero no se trata del mercado. En realidad no se trata del cine, restaurante, puente o coche. No es incluso sobre tu jefe, tus compañeros de trabajo o tu odioso amigo. No se trata de ninguna de esas cosas o personas.

Se trata de ataques de pánico, también llamados ataques de ansiedad, o cualquier sobrenombre que les pongas. Para muchos, los ataques de pánico son completamente debilitantes.

Pero ¿de dónde vienen?

Origen de los ataques de pánico

De acuerdo con la quinta edición del Manual de Diagnóstico y Estadístico de la Asociación Americana de Psiquiatría (DSM5, por sus siglas en inglés), existen dos tipos diferentes de ataques de pánico: esperados e inesperados. Pero quiero compartirles algunas cosas que tal vez nunca escuchen/lean en ninguna otra parte:

1. Los ataques de pánico tienen un nombre poco apropiado. En realidad no te atacan en lo absoluto. Lo siento, pero no

es como si fueras caminando solo en la oscuridad y de repente te asaltara un pánico salvaje. En realidad, tú creas tu propio pánico.

2. Sí, por absurdo que se oiga es verdad. La ansiedad, como has visto, se trata de la percepción de una amenaza. El pánico es la percepción de sentirse atrapado y/o perder el control. Esto es tan crítico que soporta la repetición. Tus así llamados ataques de pánico son *creados* por tu percepción de que estás atrapado o fuera de control. Estás petrificado por tu vulnerabilidad, la que detona una versión exagerada de la respuesta al estrés.

Permíteme explicarme: Sandra nunca ha experimentado pánico hasta que escuchó la voz del piloto decir: «No tenemos pista libre para aterrizar en este momento. Tendremos que sobrevolar el aeropuerto». ¿Cómo es posible que este mensaje audible *cree* un ataque de pánico? ¿Cómo las palabras de una persona pueden crear una respuesta psicológica en ti? El piloto solo desea que sus palabras tengan el poder de causar un trastorno en la psicología de una mujer. La verdad es que él no tiene ese poder; si así fuera, todos los pasajeros entrarían en pánico simultáneamente. En su lugar, los únicos pasajeros que se ven afectados por el anuncio son aquellos inclinados a percibirse a sí mismos atrapados. Y tan pronto como el pánico cerró sus garras sobre Sandra, el piloto tomó el micrófono y anunció: «Muy bien, aterrizaremos en un momento». El pánico de Sandra desapareció instantánea, mágicamente. ¿Por qué? Porque solo se necesita un nanosegundo para que el cerebro de Sandra (o el tuyo) calcule que no hay peligro, amenaza, entrampamiento. El pánico se aquieta.

¿Sabías que en un estudio reciente uno de cada cinco pacientes en atención primaria tuvo signos de ansiedad? Desafortunadamente, solo

61% de los que padecían esos síntomas fueron tratados. Sus resultados indicaron que 19.5% de los pacientes estudiados en cuidados primarios tenían uno o más de los siguientes síntomas: trastorno de estrés postraumático, trastorno generalizado de ansiedad, trastorno de pánico y trastorno de ansiedad social.[53]

El pánico no es como el cáncer, el sida e incluso la gripe. Es decir, si te preocupa morir por cualesquiera de esas enfermedades, tu preocupación no tendrá ningún impacto en tus posibilidades de contraerlas. Pero no en el caso del pánico. Solo *pensar* en un ataque de pánico puede contribuir a que crees uno. Muchos de ustedes saben a qué me refiero porque acaban de producir un ataque de pánico solo de preocuparse de la posibilidad de sufrir uno. ¿Cómo funciona eso? En gran parte de la misma manera en que puedes recordar cualquier otra cosa que está permanentemente almacenada en tu cerebro. Por ejemplo, probemos algo: cierra los ojos (todavía no o no sabrás qué hacer después) y escucha a tu mente repetir la canción *Toca tres veces*. La puedes escuchar perfectamente bien, a pesar de que no esté sonando en tu cuarto, porque está grabada en tu cabeza. ¿Puedes oler una naranja? ¿Reírte de una escena de tu comedia favorita? Has grabado todo eso y mucho más en el hipocampo de tu cerebro que se comunica rápidamente con tu sistema límbico y produce poderosos sentimientos de humor, tristeza y sí, incluso pánico, en un instante.

Todo ello es para decir que puedes recrear un ataque de pánico completo con el solo hecho de pensar cómo se siente el pánico y lo terrible que sería experimentarlo otra vez. «¡Oh no, aquí viene otra vez, por favor Dios, no ahora, no otra vez!». En efecto, cada uno de esos pensamientos oprime el botón de pánico porque son pensamientos *catastróficos* y producen los mismos

---

[53] Kurt Kroenke, «Anxiety Disorders in Primary Care», pp. 317-325.

síntomas que deseas evitar sobremanera. Mientras más temes sufrir un ataque más probabilidades tienes de crear uno. Piensa en ti mismo vertiendo gasolina en el fuego para tratar de apagarlo. El fuego aumenta y entonces, desesperado, echas más gasolina al fuego.

Te apuesto a que la idea de que tú creas tus propios ataques de pánico al percibir entrampamiento y/o temiendo los ataques suena a malas noticias. Pero no lo son. Realmente son buenas noticias disfrazadas. ¿Por qué? Es sencillo. Si tú eres el culpable, el que provoca todo su pánico, también eres el único que puede poner fin al pánico y retomar tu vida. Veamos la historia de Esther, la primera dama del trastorno de pánico con agorafobia. Una advertencia antes de que leas la historia: si Esther pudo curar su trastorno, no hay excusa para ti.

La historia de Esther

He padecido de ataques de ansiedad, de pánico y de agorafobia la mayor parte de mi vida adulta. Casi 20 años, para ser exacta. A lo largo de este tiempo el pánico y los síntomas corporales que lo acompañan me enviaron a muchas salas de urgencias. Todas las pruebas neurológicas arrojaron resultados negativos y el diagnóstico siempre fue el mismo: ataque de ansiedad.

Se me prescribió medicación ansiolítica, que me proporcionó alivio pero con efectos secundarios. El culpable siempre era el estrés, que no manejaba eficazmente. La automedicación con alcohol parecía funcionar temporalmente; sin embargo, la abstinencia sembró el caos en mi sistema neurológico y el pánico empeoró. Libraba una guerra constante con el pánico. Los pensamientos obsesivos, escalofriantes, lentamente se apoderaron de mí. Pasé cada vez más tiempo planeando mi «ruta de escape» y me convertí en una maestra en manejar mi ansiedad anticipada y mis conductas de evasión. Los «qué tal si» formaban parte de mi diálogo diario. Manejar sola, especialmente con tráfico, era siempre una apuesta segura para un ataque en toda regla. Como no podía escapar dejé de manejar. Pronto, el único lugar donde me sentía a salvo del pánico y su condena amenazante fue mi casa. Me aventuraba a salir cada vez menos y eso se convirtió en mi nueva normalidad. Me llevó años cultivar este patrón de pensamiento.

Podía trabajar desde casa y pronto mi anciano padre llegó a vivir con nosotros. Tenía un nuevo objetivo que justificó aún más mi plan. Estos nuevos límites me mantenían segura y estaba controlando mi pánico. El aventurarme a salir para hacer las compras a veces era posible con mi así llamada «persona segura», mi esposo, que estaría a mi lado para rescatarme si sobrevenía un ataque y salvarme de la inevitable condena.

Nadie sabía lo que pensaba y me convencí de que eso era normal para mí. Después de todo, tenía que cuidar a mi papá. Este pensar demasiado me mantenía emocionalmente agotada y fatigada. Años atrás podía viajar y manejar sola en las grandes ciudades sin dedicarle un solo pensamiento al miedo y al pánico. Anhelaba el día que la ciencia descubriera una cura.

Mi jornada hacia la recuperación empezó en la primavera de 2011. Un anuncio en el periódico local llamó mi atención: «Ansiedad: el catarro común de la enfermedad mental». A pesar del pánico y de los síntomas corporales que ya empezaban a hacer su efecto iba a asistir. La presentación del doctor Cortman y el doctor Shinitzky tendría lugar en el auditorio del hospital local. Eso era un consuelo para mí porque sin duda la sala de urgencias, si llegaba a necesitar atención médica, estaba cerca. Me registré y ahora tenía unas cuantas semanas para planear mi asistencia y mi ruta de escape. Sentía alivio de que tal vez iba a encontrar la cura. No dormí mucho. La ansiedad anticipatoria se había hecho cargo de mí. Mi esposo me llevó temprano. Tenía que conseguir un asiento en un pasillo cercano a la salida más próxima de manera que pudiera escapar fácilmente si surgiera la necesidad. Una buena amiga también se había comprometido a «estar al pendiente» en caso de que necesitara un aventón si el pánico intentaba materializarse. Estaba preparada. Nada podía salir mal; había pasado horas planeando obsesivamente cada movimiento.

Como por milagro disfruté plenamente la presentación libre de pánico. Mi concentración se desplazó a escuchar a los psicólogos. Me veía totalmente reflejada. En realidad, me sentí aliviada y con la esperanza de que se me pudiera ayudar. Al final de la presentación me acerqué al doctor Cortman, me presenté y mencioné que desde hacía años sufría de pánico y agorafobia, y sinceramente hasta la fecha no puedo explicarme de dónde saqué la fuerza emocional para pedir ayuda. El doctor Cortman me felicitó y me abrazó por haber logrado asistir. Me pidió que llamara a su consultorio para concertar una cita. Ese día lo viví libre de ataques de pánico, fuera de mi zona de confort, rodeada de extraños. Estaba asombrada y me sentía confiada de que podría recibir ayuda para superar ese sufrimiento. Nunca olvidaré ese día. Fue un nuevo comienzo para mí.

Esperé tres semanas para mi primera sesión con el doctor Cortman. Para mí, haber asistido a ese seminario fue en sí mismo un enorme triunfo personal. No podía dejar de pensar que era capaz de vivir la vida de la manera en la que lo había hecho muchos años atrás. Me decía a mí misma que con ayuda podría lograrlo. Ya había aprendido que yo era la causa de mi ansiedad y de que era mi percepción de la amenaza lo que resultaba en pánico. Consulté las notas del seminario y lo que encontré particularmente cierto fue que el sistema nervioso no conoce la diferencia entre realidad y ficción. Que responde a mis creencias. El primer indicio que tuve de esto fue que mi enfoque se desplazó a los presentadores del seminario y me mantuve libre de pánico. Hasta el día de hoy recuerdo siempre esa convicción en mi diálogo interno.

En mi primera sesión con el doctor Cortman aprendí que tengo que enfrentar mis miedos para poder superarlos. Recuerdo con cariño que me dijo que «solo me sentara en mi coche y saliera de mi cochera hacia la avenida». Sin permitir que la ansiedad anticipatoria se instalara, me fui a casa y de inmediato procedí a llevar a cabo mi nueva tarea. No ocurrió nada. No hubo pánico, así que continué y manejé alrededor de la manzana. Permanecí enfocada, apliqué mis nuevos pensamientos, escuché mi música favorita y seguí. Acabé en la tienda del barrio. Entré sola, ¡a comprar! No lo había hecho en años. Al recorrer los pasillos derramé lágrimas de alegría. Cuando regresé a casa, con comestibles en la mano, no pude esperar a contárselo al doctor Cortman. Ese era un inmenso logro para mí. Deposité toda mi fe y confié en la experiencia, conocimientos y compasión del doctor Cortman. Con mi esposo como presidente de mi recién creado club de admiradores estaba en el camino de la recuperación. El doctor Cortman se convirtió en mi entrenador. Por primera vez en la curación de este padecimiento era responsable ante alguien. Fui capaz de cambiar el proceso de mi pensamiento y adquirí nuevas destrezas para afrontar. Necesitaba estar enfocada en el presente.

Han pasado tres años desde que inicié este viaje. A veces no ha sido fácil; sin embargo, las recompensas son demasiado impresionantes para plasmarlas en palabras. Ya no me estreso con las tareas diarias. He aprendido a no sobreanalizar cada pensamiento. Disfruto especialmente volver a viajar. Recientemente volé en helicóptero sobre el Gran Cañón. Ese fue un objetivo personal que pensé que nunca fructificaría. Obtengo fuerza emocional con cada logro: desde mi primer viaje desde mi cochera hasta un viaje en el asiento delantero de un helicóptero; siempre le estaré agradecida al doctor Cortman.

Entonces, ¿qué curó a Esther? Empecemos con su motivación para mejorar. ¿Cuál era su motivación después de 20 años de sufrir agorafobia? La misma que motiva a la mayoría de la gente. De acuerdo con James Framo, PhD, un reconocido terapeuta matrimonial/familiar y mi profesor en la universidad: «La gente no cambia a menos que sea muy doloroso no hacerlo».

Para Esther se había vuelto muy doloroso no hacer nada. Y no hacer nada significaba que no habría cambios en su condición. Citando a otro profesor, el doctor Robert Nay: «Si nada cambia, entonces nada cambia». Recuerda: el tiempo no cura, solamente pasa. Veinte años fueron mucho tiempo. Ahora estaba frustrada, derrotada y muy desesperada. Estaba motivada. Se presentó en nuestra conferencia sobre la ansiedad y nos abordó en el receso para la firma de ejemplares. «Después de 20 años de estar metida en mi casa vi su anuncio en el periódico y aquí estoy el día de hoy. Ahora uno de ustedes necesita ayudarme, por favor». Así que iniciamos nuestro viaje con una tarea con doble enfoque: «Usted compra nuestro libro *(Your Mind: An Owner's Manual for a Better Life)*. Lo lee y hace los ejercicios. La parte dos es sencilla: súbase a su coche y échese en reversa en la entrada de su cochera y vuelva a entrar.

—¿Eso es todo?

—Eso es todo».

Estaba accediendo a varias herramientas diferentes desde el arranque. Primero, al leer el libro Esther aprendería sobre la relación entre sus cogniciones y sus emociones; que ella creaba sus ataques de pánico al temer su regreso. Tendría que alterar sus pensamientos sobre el pánico y vi que ya no necesitaba vivir en el terror de entrar en pánico. Cada herramienta cognitiva que pudiéramos reunir ahora se incluiría de manera deliberada en la caja de herramientas de Esther.

Otra herramienta que estábamos utilizando era la herramienta eléctrica de la exposición. Recuerda, nunca superarás tu ansiedad, tus miedos o fobias si no las enfrentas directamente. Mediante la terapia de exposición Esther tenía que sentir la necesidad de colocarse detrás del volante y manejar hacia cualquier espeluznante calle, autopista, puente o destino.

También empleamos la herramienta eléctrica de la aproximación sucesiva, dando pequeños pasos como: salir de tu cochera y volver a entrar; dar la vuelta a la manzana manejando; manejar hacia la autopista, por la ciudad y después volver a casa; manejar por la avenida hasta el primer semáforo, y así sucesivamente. El empleo de esta herramienta eléctrica es semejante a meterte al mar hasta los tobillos y salirte, después hasta las rodillas y salirte, y así en adelante. Hacerlo correctamente puede involucrar el empleo de ejercicios de desensibilización sistemática. (Véase Capítulo 5).

¿Sabías que la presencia de ansiedad y el empleo de sustancias es un factor de riesgo para el otro? Los trastornos de ansiedad se relacionaron de manera significativa con trastornos de alcohol como de drogas. También hay que resaltar que el Trastorno de Ansiedad Generalizado (TAG) y el Trastorno de Pánico (TP) con o sin agorafobia tuvo la correlación más alta con los trastornos por uso de sustancias.[54]

Parecía que Esther no necesitaba seguir el plan de tratamiento textualmente. De hecho, devoró el libro y repitió líneas útiles como si fueran sus mantras personales. Pronto llegó a un lugar donde el entusiasmo por su triunfo era más poderoso que el miedo a crear un ataque de pánico. A medida que sentía más confianza y emoción experimentaba menos pánico. Y como era de esperar, mientras menos pánico sentía aumentaban su confianza y entusiasmo.

Esther no solo estaba omitiendo pasos, estaba saltando sobre ellos. Después de solo cuatro sesiones de terapia hizo algo absurdo: programó un viaje con «las chicas» (otras tres mujeres adultas) a Alemania. Quería decirle que estaba loca, pero esa no se considera una respuesta adecuada de un psicólogo a su paciente.

[54] W. M. Comptom, «Prevalence, correlates, disability and comorbidity», pp. 566-576.

No dije mucho porque no deseaba desalentar sus esfuerzos para triunfar ni tampoco hacerla aparecer como si fuera una buena idea. Finalmente dejé que Esther tomara la iniciativa respecto a qué estaba lista a hacer o no hacer. Ello resultó ser lo más positivo que pude aportar a Esther, con la posible excepción de las herramientas y el estímulo.

Esther estructuró una actitud que podría resumirse de la siguiente manera: yo creo mis ataques de pánico por la manera en que pienso. Pensaré de manera diferente. No estoy atrapada; siempre tengo alternativas. Escojo enfocarme en mis logros y en los desafíos por venir. Tengo muchas habilidades para emplear. No temeré más a los ataques de pánico. En la medida en que me enfoque menos en ellos los experimentaré menos. Puedo manejar a cualquier parte; soy una conductora segura y competente. Todos los días manejaré en avenidas y autopistas y cruzaré puentes. Estoy tan orgullosa de lo que he logrado que continuaré creciendo enfrentando mis desafíos y miedos por el resto de mi vida.

Durante los dos años que trabajé con Esther ella fue capaz de lograr todas sus metas y convertirse en una de las pacientes más increíbles con la que he trabajado. Ha hecho no menos de nueve viajes, incluyendo la excursión europea mencionada antes, Washington, Chicago, Boston y el estado de Nueva York. Ha recorrido el puente Sunshine Skyway,[55] puentes interestatales y visitado islas de barrera locales que no conocía. Impulsada por sus éxitos se curó de una enfermedad gastrointestinal al cambiar su estilo de vida y perder 20 kilos.

Pero no todo es color de rosa en Estherlandia. Su esposo me escribió una tarjeta en la que me decía: «Doctor Cortman, ¿qué le hizo a mi Esther? Está viajando alrededor del país y del mundo

---

[55] El puente Sunshine Skyway, en la bahía de Tampa, Florida, es un puente atirantado con una longitud de 1.8 kilómetros. (*N. de la T.*)

como si estuviera de excursión, yéndose durante semanas y gastando miles de dólares. Ahora puede cruzar puentes para llegar a islas de barrera ¡y le encantaría vivir en la playa! ¡No puedo solventar a la nueva Esther! ¿Es demasiado tarde para volver a cambiarla?».

Entonces, tienes ataques de pánico. ¿Qué tal si vuelves a tener el control tu de vida? Utilicemos algunas herramientas de los capítulos anteriores.

1. *Entender* que tú eres el origen de tu pánico. Te percibes atrapado/abrumado. No lo estás.
2. Háblate a ti mismo. Di que tus «ataques» de pánico no son peligrosos. Solamente son molestos.
3. La verdad es que mientras menos temas esos ataques menos poder tendrán. En algunos casos, tan pronto la gente entiende lo que son (y lo que no son) y deja de temer, ¡no vuelve a experimentar un ataque de pánico otra vez!
4. Recuerda las palabras que temes. Enfrenta todos tus repugnantes dragones, desde los puentes hasta hablar en público, desde los lugares llenos de gente hasta los elevadores, desde restaurantes hasta supermercados, desde cines hasta autopistas. Frecuenta esos lugares para superar el vínculo entre ellos y tus respuestas de pánico.
5. Que no haya más evasión. El sorprendente avance de Esther surgió solo hasta que ella eligió tomar las medidas necesarias para superar el trastorno.
6. La aproximación sucesiva es una herramienta muy importante que debes utilizar con el profesionista que te trate. Pero recuerda que el principio es fácilmente aplicable en uno mismo. Sube en elevador solo un piso y después

bájate. La próxima vez intenta dos pisos. No tardarás mucho en poder subir hasta la punta del Empire State.

7. Siempre recuerda la inversión más la amenaza. Una reducción de la percepción de amenaza en general eliminará tus ataques de pánico. Por ejemplo: Jim era un duro rescatista que se zambullía en aguas turbias para rescatar cadáveres. Pero recientemente ha empezado a sentir pánico ante el pensamiento de manejar al Skyway Bridge, el abuelo de todos los puentes locales. Le dije que no es diferente de manejar a cualquier otra parte porque la inclinación es gradual y casi imperceptible. «¿Sabes manejar en línea recta, no?». Era todo lo que necesitaba. Al día siguiente tenía una llamada en mi correo de voz que decía solo esto: «Soy Jim. Crucé el puente con facilidad. No dejo de repetirme a mí mismo, yo sé manejar en línea recta. Gracias por el nuevo mantra».
8. Enfoque = energía. Permíteme ilustrarlo. Los primeros 25 años de mi vida me aterrorizaba hablar en público. A tal punto que en noveno grado en la clase de oratoria recuerdo haberle pedido a Jesús que el mundo se acabara antes de la 1:15 del jueves, fecha en la que tenía que ofrecer mi discurso. Ahora es mi actividad favorita mientras me visto. ¿Cómo superé el pánico y lo reemplacé con alegría? Por un lado, con mucha práctica (exposición al estímulo atemorizador). Por la otra, aprendí a eliminar el foco de mi persona y trasladarlo al auditorio. Empezaba una conferencia con una pregunta como: «¿Cómo definen el estrés?». Invariablemente alguien del auditorio decía algo gracioso, el ambiente se relajaba y mi ansiedad desaparecía. El público hacía comentarios halagadores, lo que aumentaba mi confianza y por tanto reducía mi ansiedad. Hoy en día, mientras mayor es la multitud, mejor.

9. Respira/medita/relájate. Practica estas herramientas todos los días para entrenar a tu cerebro y tu sistema nervioso a relajarse. Diez minutos por la mañana pueden reorientar todo tu día.
10. Encuentra un ejercicio aeróbico que pongas en marcha de manera regular para reducir el pánico (y la ansiedad generalizada). Dorothy era una paciente con un miedo terrible a los truenos y relámpagos, que en el suroeste de Florida no son una excepción, a diferencia de vivir en Manhattan y temer a las sirenas. Pero Dorothy estaba abierta a intentar diferentes respuestas a su miedo a las tormentas, algo que ocurre diariamente en los veranos de Florida. Decidimos que se subiera a la bicicleta estacionaria al primer atisbo de un trueno en la distancia. Puesto que la ansiedad es solo energía, ¿por qué no reinvertirla en algo productivo, como un buen entrenamiento? La técnica funcionó tan bien que Dorothy inmediatamente empezó a perder algunos kilos. Más aún, aprendió a reemplazar la ansiedad y el miedo con la excitación de montarse en su bicicleta y pedalear.
11. Lo más importante: haz algo. Nunca esperes pasivamente a que el pánico te libere de sus tenazas. Consigue ayuda. Toma una decisión para apropiarte del control de tu ansiedad.

Destructor del pánico

Una estudiante de secundaria de 15 años experimentó su primer ataque de pánico en el vestíbulo de su nueva secundaria. Había tres veces más estudiantes que en su escuela anterior y ella conocía exactamente a dos. «¡Esto es abrumador!», se dijo a sí misma, y entonces, en ese preciso lugar, afuera de la clase de Ciencias, se vio inmersa en el pánico. Ya en terapia por otros asuntos, le pido que me diga qué pasaría si tocara el claxon del Mustang de su padre. «Haría mucho ruido, por supuesto».

—¿Incluso si nadie se atravesara?

—Por supuesto.

Siempre sonará como si lo tocaras, sin importar la situación. Y tú entrarás en pánico, sin importar la situación, si piensas que estás atrapado o abrumado. Por cierto, no hay una multitud de chicos abrumadores, solo una gran cantidad de estudiantes de secundaria asustados e inseguros, bastante parecidos a ti. Repítete a ti misma que perteneces, sé amable con ellos. Sonríe mucho, preséntate cálidamente, haz cumplidos cuando pienses en ellos. Si piensas correctamente nunca volverás a sentir pánico.

Hasta el momento no ha vuelto a sentirlo.

8 Trastorno obsesivo compulsivo (TOC)

Existen más cosas, Lucilo, que nos asustan más que herirnos, y sufrimos más en nuestra imaginación que en la realidad.
Séneca

Sé que estás muy consciente del trastorno obsesivo-compulsivo (TOC). Describes al tío Bernie como «Tan TOC que hace que todo el mundo se vuelva loco». Incluso te puedes disculpar con la gente diciendo: «No me hagas caso, soy un poco obsesivo-compulsivo desde que mis compañeros de trabajo enfermaron de gripa la semana pasada».

¿Y qué quieres decir con «TOC»? ¿Un poco rígido, detallista, precavido, controlador o falto de espontaneidad? Es cierto, esas son características de una personalidad del tipo obsesiva-compulsiva, pero permíteme presentarte el trastorno conocido como TOC.

Obsesiones

Hay dos ramas del TOC que el sagaz lector adivinará rápidamente: las obsesiones y las compulsiones. Empecemos con las primeras. Estoy seguro de que sabes qué se siente tener una canción que suena y vuelve a sonar una y otra vez en tu cabeza, para tu frustración. En un programa reciente en un kindergarten, no menos de nueve niñas cantaron la canción «Libre soy», de la banda sonora de la película de Disney *Frozen* (quisiera felicitar a las dos niñas que cantaron afinadamente). Por fortuna, las niñas eran adorables, pero la canción se quedó congelada en las cámaras de mi mente para el resto del día. «Libre soy, libre soy...». Pero no parecía que así fuera.

Así que cuando se te ha diagnosticado el TOC tus obsesiones son prominentes, poderosas y penetrantes (y cualquier otra palabra con P que se te ocurra). Lo intentas pero no puedes eliminarlas de tu cerebro. Peor aún, no es tan benigno como un coro recurrente de una canción popular. Los pensamientos obsesivos que constituyen la mente de un típico paciente TOC son amenazantes o —incluso más nocivos— son aterradores. Existe un término en la psiquiatría/psicología llamado *egodistónico*, que significa «no estar bien con el yo». Las obsesiones del TOC son típicamente egodistónicas, son indeseadas, no apreciadas y no están bien con el yo. Escuchar en tu cabeza canciones de domingo de alumnos de segundo grado sin duda es insufrible. Estar convencida de que el avión de tu esposo con seguridad chocará es horroroso.

¿Y con qué se obsesionan por lo general los pacientes de TOC? Permíteme darte algunos ejemplos de gente de la vida real con obsesiones TOC:

«¿Me acabo de comer las monedas del cambio?».

«El coche blanco que está detrás de mí: ¿hice que chocara? ¿Debo regresarme y buscarlo? ¿Estarán bien?».

«Puedo herir a mi familia con cuchillos».

«No podré respirar sino hasta octubre».

«No puedo sentarme en el asiento de mi coche; me ensuciaré y contaminaré a mi familia y a mis mascotas».

«¿Escuchaste eso?». (Preguntándote si los otros escucharon lo mismo que tú).

«¿Cerré la puerta?». (La revisó 19 veces, sin exagerar).

«¿Eso cayó en mi ojo? ¿Está bien mi ojo?».

Las variaciones son interminables, pero existen categorías predecibles en las que las obsesiones parecen manifestarse por sí mismas: gérmenes/contaminación; temor a herir otros; revisión basada en el miedo y contraer enfermedades. Todas ellas son indeseadas, atemorizantes y consumen todo el tiempo de la víctima de TOC.

El sufrimiento es tan agudo que a menudo está acompañado de depresión, especialmente debido a los sentimientos de frustración, fracaso y desesperanza que experimenta el individuo. Aun cuando es muy común combatir las obsesiones y las depresiones con medicamentos, especialmente con antidepresivos y tranquilizantes, no es raro que los pacientes de TOC se automediquen con drogas ilegales y alcohol. Pero el método más común para apaciguar la mente obsesiva es la creación de un ritual compulsivo —una serie de comportamientos predecibles y repetitivos— que parecen satisfacer la ansiedad temporalmente.

Compulsiones

Richard nunca fue bueno para nada ni para nadie. Su padre fue crítico, sus calificaciones fueron bajas y tuvo muy pocos amigos con los cuales platicar durante sus años de secundaria y preparatoria. En su mente era un perdedor consumado. Así que cuando experimentó por primera vez síntomas de TOC, Richard estuvo predispuesto a sentirse malo, sucio e inadecuado. Por consiguiente, sus compulsiones se asentaron en un ritual de acicalamiento/aseo que ocupaba toda su mañana. No era poco frecuente que Richard pasara dos horas en la regadera, más de 20 minutos cepillándose los dientes y otros 20 peinándose. Incluso, se tardaba de tres y media a cuatro horas en el baño para alistarse. Peor aún, a veces su esposa lo escuchaba gritar y murmurar en la regadera: «No estoy limpio, no estoy suficientemente limpio».

Las víctimas de TOC parece que tienen afectada una parte del cerebro conocida como *núcleo caudado.* Esta zona aparentemente es más activa en los cerebros de gente con TOC. Mientras que un núcleo caudado normal (NC) parece ayudar para detectar errores en tu percepción del mundo, un NC excesivamente activo puede crear la experiencia de que algo está mal y necesita corregirse. Algunos piensan que los rituales son una respuesta a esta mentalidad de «algo está mal». Así que, en esencia, el NC está muy activo y genera malas percepciones y obsesiones en tu mente, lo que conduce a comportamientos repetitivos diseñados para corregir el problema.[56]

¿Sabías que en algunos estudios el mejor tratamiento para el Trastorno Obsesivo-Compulsivo (TOC) es exponerse al estresante y aprender cómo responder de manera más saludable a él en lugar de solo usar medicación? Aprender a manejar el estrés de una mejor manera se conoce como Exposición/Prevención de la Respuesta (EPR). Otros estudios importantes que han buscado las mejores opciones de tratamiento para el TOC determinaron que algunos hallazgos sugieren que la EPR es superior a la medicación con SRI.[57] Específicamente la EPR se asoció con tamaños del efecto más grandes en las medidas de TOC y menos efectos residuales en comparación con los SRI.[58]

[56] Dominique Guel, «Neuronal correlates of obsessions», pp. 557-562.

[57] SRI, siglas en inglés para Serotonin Reuptake Inhibitor, inhibidor de la reabsorción de la serotonina. (*N. de la T.*)

[58] J. Abramowitz, *et al.* «The Effectiveness of Treatment», pp. 55-63.

¿Cómo tratamos el TOC?

Esto puede sorprenderte, pero a pesar de que al TOC se le considera en primera instancia un trastorno cerebral, los mejores y más exitosos tratamientos son las técnicas psicológicas. Como se describió en el Capítulo 5, la herramienta eléctrica de la exposición/prevención de la respuesta (EPR) se considera el mejor tratamiento.

De acuerdo con los doctores Joshua M. Nadeau y Eric A. Storch, ambos del Departamento de Pediatría y del Departamento de Psiquiatría y Neurociencias de la Conducta de la Universidad de Florida del Sur: «A pesar de su naturaleza perjudicial, existen varios tratamientos efectivos para individuos con TOC. El único tratamiento más efectivo para niños y adultos con TOC es la terapia cognitivo-conductual con exposición y prevención de la respuesta. Aproximadamente 85% de las personas se benefician de este método que gradual y sistemáticamente lleva al individuo a enfrentar sus temidos desencadenantes sin implicarse en rituales asociados. La medicación antidepresiva también es efectiva, con un 50-55% de personas que reciben algunos beneficios».[59]

Permíteme traducirlo al español de los que no son psicólogos: los que padecen TOC se ven forzados a enfrentar sus miedos directamente, sin recurrir al confort familiar de los rituales. Ello significa no volver a revisar la puerta después de haberla cerrado, lavarse las manos una vez y solo una vez, evitar el golpeteo en la silla antes de salir del cuarto, y por ningún motivo regresarse para averiguar qué le ocurrió al auto blanco que desapareció en la carretera.

Echemos un vistazo a la historia de Juan el Revisor (no confundir con Juan el Bautista). John me fue remitido por su psiquiatra, quien lo había estado medicando durante siete años con una

---

[59] J. Nadeau, *Effective Management of OCD*, 2014.

combinación de antidepresivos y un tranquilizante. Durante los años que habían trabajado juntos él no había mejorado ni retrocedido. Era el momento de probar algo para enriquecer el tratamiento psicológico.

El de John era un patrón predecible, si bien no atroz, de comportamientos que hacían de él un espectáculo en su tranquila privada. John, un hombre brillante y astuto de 37 años, estaba consciente de que los niños del vecindario lo catalogaban como «el tipo loco».

Verás, cada mañana John cerraba la puerta de su casa y se dirigía a su auto que estaba estacionado en la calle. John estaba verdaderamente aterrado por la posibilidad de que un ladrón entrara a su casa y se robara los objetos de valor que había adquirido con esfuerzo. Al saber que eso había ocurrido justo en la calle de junto, hacia el oeste, John estaba alerta al máximo para que eso no le pasara a él. De hecho, estos eran los pensamientos obsesivos que dominaban su mente cada vez que salía de su casa. La distancia a su auto era de aproximadamente 20 segundos. John estaba impresionado de cuántos pensamientos catastróficos podía tener en ese breve lapso: «¡Van a robar mi colección de armas, lo sé! El tipo de la otra cuadra nunca lo vio venir, ¡pero no se saldrán con la suya en mi caso! Espero haber echado la cerradura de la puerta del frente. Creo que lo hice pero… no, ¡no puedo arriesgarme a dejarla sin llave! Sería como colocar un blanco en mi casa. Tengo que regresar y revisar, sí, solo una vez. Bien, voy a regresarme y revisar».

John volvía a la puerta solo para encontrarla cerrada, para su alivio. Y aquí es donde el paciente de TOC difiere del así llamado individuo normal. El último se dice a sí mismo: «Con seguridad la puerta está cerrada, está bien. Ahora puedo irme a trabajar». Pero no en el caso de un paciente con TOC. Este ha desarrollado un patrón de conducta que excede con mucho lo que una persona sin TOC podría hacer. John se repitió el pensamiento obsesivo ya mencionado y, antes de que lograra subirse al auto exitosamente y dirigirse a su trabajo, se había generado tal estado de alteración que solo podía apaciguarse con una cosa y solo una cosa: ¡regresar a la puerta del frente para corroborar que estaba cerrada! Hacer esto una segunda vez en menos de un minuto es sin duda patológico, pero John no se detenía ahí. Un tercer viaje a la entrada para repetir este ritual suena absurdo, pero prepárate, John revisaba su puerta cerrada ¡no menos de 19 a 26 veces! Era tan debilitante para John que salía de su casa media hora antes de la hora que debía salir para ir al trabajo. En otras palabras, ¡John sabía de antemano que se involucraría en su tóxico carrusel de pensamientos obsesivos y comportamientos rituales!

Pero ¿cómo y por qué continuaba con este comportamiento contraproducente y atroz? Recuerda la palabra *egodistónico* que mencionamos antes. El ritual de John de ir y venir de su casa al auto no era gracioso para él. En realidad, era una media hora tortuosa en la que estaba en guerra consigo mismo. Tenía la misma posibilidad de detenerse a la tercera o séptima revisión que un alcohólico después del primer o segundo trago. Incluso a veces podía subirse al auto y encenderlo. Pero no podía arrancar. ¡Tenía que revisar la puerta!

El comportamiento tiene un propósito. Siempre hay una retribución para un comportamiento que se repite. Pero ¿dónde está la recompensa de John? Él ya sabe que la puerta está cerrada. ¿Lo sabe? La única seguridad de John es que se siente terriblemente ansioso cuando intenta irse a trabajar. Volver a revisar la puerta calma esa ansiedad, aunque momentáneamente, más que cualquier otra cosa en el mundo, además de tener guardias armados patrullando su puerta día y noche.

Entonces ¿por qué 26 veces? ¿De qué manera son mejor que dos, nueve o 17? ¿Y por qué Richard (mencionado páginas atrás en este capítulo) requiere de un baño de dos horas en vez de 12 o 37 minutos?

En mi mejor opinión, la repetición de estos comportamientos sirve para reducir, poco a poco, la ansiedad de quien la padece. No hay magia en el número de minutos (a menos que el número sea la compulsión en sí misma, la necesidad de hacer algo cuatro veces, por ejemplo, para asegurarse de que no ocurra ningún daño a cualesquiera de sus tres hijos). La razón por la que la repetición parece funcionar es que erosiona la ansiedad y agota al individuo por el excesivo número de repeticiones. En otras palabras, es difícil sostener ese elevado nivel de ansiedad por un periodo largo debido al puro agotamiento (esta es también la razón por la que a las personas se les alienta a enfrentar sus miedos por periodos prolongados mediante una técnica llamada *inundación*).

Así que media hora después la ansiedad de John es significativamente menor porque él (o ella) está exhausto por sus rituales. Esto se almacena en su cerebro como un evento exitoso y que los comportamientos rituales funcionaron para curar su ansiedad. Y, como bien sabemos, cualquier comportamiento que funcione será repetido. John reanudará sus rituales una vez más mañana por la mañana. ¿Por qué? Porque parece que funcionan.

Así que ¿cómo ayudé finalmente a John a vencer su ritual TOC? Empezamos por establecer un «punto de referencia» de cuántas veces John revisaba la puerta a lo largo de una semana. Tenía días de 20 y 25 veces, por ejemplo, lo que dio un promedio aproximado de 22 veces por mañana. Llevó este registro diario en un cuaderno en el que anotó el día y la hora así como los totales de verificación.

Después empezamos a ensayar una autoconversación con base en la realidad (recuerda hablar con el yo en el Capítulo 4). ¿Con cuánta frecuencia te han robado, John? ¿Cuál es la tasa promedio de los robos a casas? Por supuesto, la respuesta fue cero y solamente una vez en los 17 años que llevaba de vivir en el barrio habían robado a alguien. Pero ahora el patrón de John de revisar y volver a revisar se asociaba con el éxito que disfrutaba de cero robos en su casa. Para la forma de pensar de John, su revisión no solo era responsable de reducir su ansiedad sino también evitaba que los ladrones entraran en su casa.

Por supuesto, dos cosas que ocurren juntas no están necesariamente ligadas entre sí. (Intenten decírselo a un fanático cuyo equipo remontó para ganar el juego solo después de que volteó su sombrero al revés). Pero en un nivel neurológico, John estaba convencido de que su patrón de incesante revisión evitaba los robos.

Volvamos al diario de John. Le pedí que empezara a considerar la realidad de que su comportamiento de revisar y revisar estaba por completo desconectado de los robos. Esa era la única tarea para la semana dos: procesar el nuevo pensamiento mientras iba y venía de su coche. Como resultado, redujo su semana a un promedio de 18 veces, para nada cerca de la cura, pero una diferencia estadísticamente significativa respecto a la semana uno. Cognitivamente ahora tenía los medios para entender su comportamiento y desafiar su falsa creencia de que su ritual era sin duda un disuasivo para los ladrones. En la semana tres su promedio semanal cayó a 15 y después a 10 en la semana cuatro. Para finales de la semana cinco, la revisión de John había bajado a cinco veces, un descenso muy importante respecto a su punto de referencia original.

En este punto John ya podía articular otra realidad importante: un buen ladrón podría entrar a su casa a pesar de la puerta cerrada. Es decir, podría cortar los mosquiteros, romper las ventanas, e incluso bajar por la chimenea como un Santa Malo, se le ocurrió. Así que en este punto elegimos una respuesta de prevención con una dosis de refuerzo positivo. Se le pidió a John que afirmara en voz alta: «Ahora estoy cerrando mi puerta. ¡Está cerrada!». Después se le pidió que corriera a su auto, abriera la puerta, lo encendiera y se fuera antes de que pudiera reconsiderarlo. A John le gustó el reto: empleó una imagen creativa de los días de su niñez y corrió como si francotiradores enemigos le estuvieran disparando. Se alejaría en su coche del peligro antes de que recibiera una bala.

Por si acaso ese desafío no era suficiente, introduje una recompensa especial para que John la considerara. Era un gran fanático del equipo de hockey Tampa Bay Lightning y nada le gustaría más que un boleto para asistir a un juego en casa. Sabía que podía lograr que la esposa de John estuviera de acuerdo en justificar el gasto de un boleto a cambio de dos semanas consecutivas de cero revisiones. Una llamada después era nuestra compañera de equipo.

La combinación de pensamiento racional, respuesta de prevención, hablar consigo mismo, *mindfulness* (tratar de quedarse en el aquí y ahora), y después cambiar su foco a una fantasía de la niñez (foco = energía), sumada a refuerzo positivo, de alguna manera se conjuntó para lograr un resultado exitoso para John. Se ganó el derecho a un juego de los Lightning y nunca volvió a mirar atrás. No ha vuelto a revisar la puerta del frente después de cerrarla una vez. Sin embargo, queda un problema: los vecinos todavía piensan que es «un tipo loco» por haber esquivado balas imaginarias esa mañana al correr hacia su auto, pero lo cuenta con una sonrisa triunfante.

Mensajes para llevar a casa

1. Las obsesiones son pensamientos o sentimientos invasivos que son indeseados y persistentes.
2. Las compulsiones son comportamientos repetitivos que se ejecutan para acallar los sentimientos indeseados

provocados por las obsesiones o para evitar que algo malo ocurra. Recuerda que la compulsión proporciona alivio solo en el corto plazo.

3. El único tratamiento más efectivo para el TOC es la Terapia Cognitiva Conductual con Exposición y Prevención de la Respuesta.
4. Puesto que te has enseñado a usar el comportamiento compulsivo/repetitivo para enfrentar tus pensamientos o sentimientos invasivos, puedes desaprender esta asociación y desarrollar habilidades de afrontamiento más saludables que te proporcionen beneficios a largo plazo.
5. Cada vez que empleas una herramienta para jardín o eléctrica en lugar de tu compulsión, estás reconfigurando tu cerebro para un futuro más sano.

Ejercicios

1. ¿Cuál es mi ciclo TOC?

A. Enumera los detonantes en tu vida que te conducen a comportamientos compulsivos.

B. Enumera los pensamientos o sentimientos que son desagradables que generalmente conducen a los comportamientos compulsivos.

C. Enumera los comportamientos repetitivos o compulsivos a los que recurres en un intento por acallar tus pensamientos o sentimientos, o para prevenir que algo ocurra.

Ejercicios (cont.)

2. PRACTICAR EL EMPLEO DE UN NUEVO CICLO

A. Enumera tus comportamientos repetitivos que te proporcionan alivio a corto plazo.

B. Enumera opciones más saludables entre las herramientas de jardín o eléctricas que puedes emplear como posibles alternativas a tus pensamientos y sentimientos invasivos.

C. Describe los beneficios potenciales por emplear estas herramientas en vez de tu compulsión.

Ejercicios (cont.)

3. Deteniendo tu ciclo TOC

A. Enumera las herramientas de jardín o eléctricas más saludables que emplearás para enfrentar tu estrés.

B. Describe los beneficios de emplear las habilidades de afrontamiento en tus pensamientos o sentimientos invasivos.

C. Recuerda: en la medida en que practiques o ensayes más el empleo de estas herramientas serás más hábil cuando necesites usarlas. Describe los beneficios de emplear las habilidades de afrontamiento después de cada detonante.

9 Trastorno de ansiedad generalizada (TAG)

La preocupación nunca le quita al mañana su tristeza,
solo vacía al hoy de sus alegrías.
Leo Buscaglia

La doctora Cristina era como tú y como yo, excepto porque podía darse el lujo de un crucero de 14 noches en el Mediterráneo con su esposo. Un clima perfecto de primavera, hoteles de cinco estrellas, masajes para él y ella. La perfección absoluta.

Entonces, ¿por qué buscaba algo de lo que preocuparse?

¿Sabías que la investigación ha descubierto por qué y cómo los recuerdos traumáticos parecen estar tan bien establecidos en nuestra memoria? Cuando está expuesto a una experiencia negativa, el cerebro libera dos químicos, cortisol y norepinefrina, que refuerzan los recuerdos. Así que si podemos aprender cómo responder mejor ante un evento traumático, podemos disminuir los niveles de estos dos químicos y prevenir el proceso de realce del recuerdo.[60]

[60] S. Segal, «How Stress Hormones Promote».

Es posible que conozcas a una Cristina, o posiblemente te identifiques *personalmente* con su grave situación. Todo marcha bien; no hay otra cosa de qué quejarse sino que tu peso sube y tus utilidades bajan. Nada desesperado. Y, sin embargo, ahí estás, despierto, preocupando a tu pequeña linda cabecita con esto o con lo otro. El descanso/relajación es difícil porque tú lo saboteas a la primera oportunidad. ¿Por qué? Porque relajarse equivale a bajar la guardia y volverte vulnerable a cualquier granada que la vida te pueda arrojar. Siempre hay algo y nunca es fácil. No es una sola cosa, son dos cosas. Así que aprendiste la manera más difícil de escanear el horizonte en busca de una potencial amenaza, desde los *piercings* de tu rebelde hija adolescente a los riñones deteriorados de tu padre —¿cómo puedes encontrar un momento de verdadera paz?—. Parece que no puedes establecer una comunicación importante con tu esposo, tu programa de ejercicios no te está conservando tan en forma como solías estar, y parece que la vida te ha pisoteado en la cara con sus patas de gallo. ¿Es de sorprender que hayas recurrido al Chardonnay (y al chardon-b y al chardon-c)?

No lo leas ahora, pero puedes estar sufriendo de un diagnóstico de trastorno de ansiedad generalizada (TAG). Sin duda no estás solo; más de tres de cada 100 personas pueden estar diagnosticadas como tales, con una edad promedio de inicio de más de 30.

Entendiendo el TAG

A diferencia de otros trastornos psiquiátricos, los trastornos de ansiedad generalizada parecen estar nombrados acertadamente. Los síntomas son sin duda generalizados, es decir, ocurren incluso ante la ausencia de estresantes específicos. Tu ansiedad es la norma; no es por la cita con tu médico, el examen del SAT,[61] o una asesoría especial de la asociación del condominio. Te sientes ansioso porque estás vivo, y a veces tu ansiedad es la manera en que sabes que estás todavía vivo. Te da la bienvenida en la mañana incluso antes de que te levantes de la cama, y te recuerda su presencia cuando das con la almohada por la noche. En realidad, para cumplir los requisitos para el diagnóstico de TAG debes haber padecido constantes síntomas de ansiedad por lo menos durante seis meses; has intentado pero pareces no encontrar la válvula que la cierra. Literalmente se siente como si estuviera fuera de tu control. Asimismo, la ansiedad se siente mayor que cualquier situación con la que estés luchando. Eso es porque así es. No se trata de las luchas del día de hoy, se trata de la manera en que estás percibiendo la realidad; tu vida es un dique enorme, ineludible, de experiencias amenazantes, o como mi vecino octogenario favorito dice: «La vida es un gran dolor en el trasero, ¿no es cierto doc?».

El paciente que sufre de TAG experimenta el hoy como una serie de amenazas que resistir y el pronóstico de mañana es de pesimismo, con la posibilidad de que las cosas empeoren. Citando una vieja canción de Paul Simon «Un buen día no tiene lluvia. Un día malo es cuando te acuestas en la cama y piensas en las cosas que hubieran podido ser».

No es como el Trastorno de Pánico en el sentido de que no hay «ataques» súbitos de ansiedad. Es diferente del TOC en el sentido de que no te sientes acosado por la necesidad de restregar tus manos hasta que se te borren las huellas digitales. Es diferente del TEPT porque no estás abrumado por una escena espantosa de tu pasado a la cual aparentemente no puedes sobreponerte.

---

[61] El SAT es una prueba estandarizada que se emplea ampliamente para la admisión a las universidades en Estados Unidos. (*N. de la T.*)

No es como una fobia en la que todo lo que tienes que hacer es evitar algo que te asuste para estar bien. El TAG es un trastorno diario, de todo el tiempo, en tu cara: «Me siento tan nervioso, desasosegado y vulnerable en mi propia piel que tengo ganas de gritar».

¿Sabías que en 2013 la Asociación Psicológica Canadiense revisó los mejores tratamientos para el trastorno de ansiedad? Identificaron algunas grandes investigaciones del Instituto Nacional para la Excelencia en Salud y Cuidado (INEC), el que recomendó la Terapia Cognitivo-Conductual como un tratamiento de primera línea para el Trastorno de Ansiedad Generalizada (TAG).[62]

Para el caso de que necesites un mayor conocimiento revisa estos síntomas que están todos asociados al TAG: te sientes consumido y exhausto por la preocupación crónica; tus músculos están tensos; te tardas en conciliar el sueño por tu incapacidad para relajarte; de igual manera, el ciclo de tu sueño puede estar alterado, lo que resulta en mayor fatiga; puedes estar inquieto e irritable. La disforia (depresión) es probable porque no puedes encontrar alivio; el abuso de sustancias es sin duda una alternativa porque es una forma de encontrar alivio, aunque sea temporal.

Adicionalmente, la ansiedad se puede manifestar en problemas físicos reales, desde dolores de cabeza hasta ataques al corazón. Esto se llama somatización: convertir las luchas psicoemocionales en situaciones físicas e incluso en padecimientos crónicos y en enfermedades. Los problemas gastrointestinales con frecuencia son el primer lugar donde aparece la ansiedad en

[62] «Generalised anxiety disorder and panic disorder (with or without agoraphobia) in adults: Management in primary, secondary, and community care-guidance». (CG113). National Institute for Health and Care Excellence, 2011.

los niños, y la ansiedad crónica puede resultar en diarrea, estreñimiento o incluso contribuir a la exacerbación de la enfermedad de Crohn o diverticulitis.

Causas del TAG

Al igual que virtualmente todas las enfermedades y diagnósticos humanos, parece que existe un componente genético para el TAG. Puedes tener predisposición para tener síntomas del TAG si está en tu ADN. Pero siempre recuerda que la capacidad no es igual a destino. No estás predeterminado para padecer TAG solo porque tu tía Bertha se preocupaba desde el amanecer hasta el ocaso, o el primo Paul convirtió la ansiedad en un conteo compulsivo de cuentas del rosario. Eres tú quien decidirá si sufres de TAG.

Recuerda: son tus patrones de pensamiento —percibir el mundo como un lugar peligroso, esperar que la gente te dañe o que las cosas nunca funcionen— los que sientan los cimientos del TAG.

Pero, ¿no contribuyen las primeras experiencias? Por supuesto que lo hacen. Crecer en una familia que estuvo plagada de alcoholismo, violencia, divorcio, infidelidad, conflictos verbales, preocupaciones económicas, sin hogar, desempleo prolongado, etcétera, todo ello contribuye a la posibilidad de que un día te puedan diagnosticar TAG. Piensa en ello de esta manera: si creces en o cerca de una zona de batalla, no sería sorprendente si te prepararas para el combate incluso mucho después de que la guerra hubiera acabado. El TAG es tu forma de jamás bajar la guardia solo por la posibilidad de que algo malo pueda suceder. Y cada vez que algo ocurre sirve de prueba contundente de que nunca debes cometer el error de volver a bajar la guardia.

Un estudio reciente reveló que el empleo de Facebook pronosticaba el declive en tu sentido de bienestar adulto. Los investigadores evaluaron: 1) cómo se siente la gente momento a momento y 2) cuán satisfecha está con su vida. El empleo de Facebook predijo un desplazamiento negativo en ambos factores. A pesar de que Facebook proporciona un recurso invaluable para muchas personas alrededor del mundo y ofrece la oportunidad de conexiones sociales, esta investigación muestra cómo la gente hace comparaciones de sí misma respecto a lo que ve publicado en línea. He aquí una idea: intenta publicar este artículo.[63]

Cualquier cosa que practiques aumentará tu capacidad. Esto incluye hablar portugués, montar un monociclo o recortar tu bigote en forma de U invertida. Incluso puedes realmente entrenarte para pensar como una persona que se preocupa lo que, a su vez, entrena tu sistema nervioso para responder en modo de pelea o de huida —la respuesta del estrés—, aun cuando no estés ante un peligro que constituya una amenaza para tu vida. Oprime el botón de amenaza con mucha frecuencia y mantendrás como norma una postura de alto estrés cauteloso.

En realidad, navegas por la vida en modo estrés, tal como si caminaras de noche solo en un vecindario peligroso. Pero no culpes a tu sistema nervioso porque está obedeciendo órdenes directas de ti (tu mente). Te das instrucciones para mantenerte excitado (ansioso) al pensar y volver a pensar los mismos pensamientos de amenaza, peligro, traición, ruina económica, fracaso, rechazo y patrones masculinos de calvicie. Piensa esos pensamientos una vez y creas ansiedad. Piénsalos muchas veces y te acostumbras a pensarlos y a permanecer ansioso. Piénsalos aún más y *¡entrenas a tu sistema nervioso a operar en un estado crónico de*

[63] E. Kross, «Facebook Use Predicts Decline», doi:10/1371/journal. Pone.0069841.

estrés y ansiedad! Y así, mi nervioso amigo, es como te convertiste en sujeto de este capítulo sobre TAG.

En un estudio de 2007 sobre 7,076 individuos en los Países Bajos la investigación indicó que los trastornos de ansiedad precedían al inicio de la dependencia del alcohol.[64]

La historia de la doctora Christina

Volvamos a la cubierta de paseo del crucero donde a estas alturas la doctora Cristina está probablemente bronceada por el sol. Antes de que exploremos su exitoso tratamiento, por favor dediquen un momento a leer su historia, escrita en sus propias palabras:

Algunas veces pienso que he estado ansiosa toda mi vida, incluso antes de nacer, mientras me encontraba en el vientre materno. Tratar de imaginar que me sentía insegura incluso ahí parece increíble pero es cierto. Por fortuna, mi propia naturaleza era calmada, porque de otra manera sería una persona totalmente nerviosa. En lugar de eso tengo una sensación de quietud interior rodeada por el caos y el miedo.

Mi madre fue una japonesa sobreviviente de un campo de concentración. Ella pasó sus cumpleaños 16, 17 y 18 en Santo Tomás, un campo de concentración japonés en Filipinas. A pesar de que sobrevivió se quedó con cicatrices emocionales, físicas y espirituales que transmitió a sus cinco hijos. Hasta su suicidio final vivió con miedo de morirse de hambre o de ser bombardeada.

Ella me dio a luz cerca de nueve años después de Santo Tomás mientras estaba otra vez «internada», solo que esta vez en un hospital psiquiátrico. Cuando era bebé siempre me mantenía cerca porque decía que yo era una bebé muy alegre y tranquila y porque temía

[64] A. Loes *et al.* «Origin of the Comorbidity», pp. 39-49.

perderme. Como niña me sentía responsable de sus estados de ánimo y de su bienestar. Incluso la acompañaba a las consultas con su psiquiatra que la medicaba con dexedrina para aquietar sus miedos a morirse de hambre, y meprobamato para ayudarla a dormir y controlar su temor a ser bombardeada. Mi padre murió inesperadamente cuando yo tenía diez años, dejándome no solo la responsabilidad de mi madre sino también de mis hermanos y hermanas. Durante mi niñez, cada vez que mostraba independencia y falta de devoción a cada una de sus necesidades, hacía berrinches que generalmente terminaban cuando tomaba una sobredosis de medicinas (casi siempre me pedía las pastillas) y se dormía o se sedaba lo suficiente para poder llevarla a un hospital psiquiátrico.

En terapia me di cuenta de que había vivido 62 años en estado de ansiedad, y que de muchas maneras no había vivido mi vida plenamente porque mi ansiedad no me permitía apreciar totalmente ningún momento de mi vida. He sido adicta a la ansiedad, la que influía en todo lo que hacía, veía o sentía. Y desafortunadamente transmití este abrumador sentido de ansiedad a mi hijo.

Me di cuenta de que a pesar de que no podía hacer nada para cambiar el pasado o revivirlo, no podía reparar la terrible herencia que le había dado a mi hijo. Sin embargo, de alguna manera me podía librar de esta vieja ansiedad y entonces podría tranquilizar a mi hijo y darle la paz que siempre necesitó.

La comprensión de que había perdido gran parte de mi vida en la ansiedad me hizo llorar. Lloré por la pérdida de tanta belleza y plenitud y la simple vida que había pasado a mi lado mientras yo estaba ahí preocupándome por quién sabe qué.

Un día, después de un maravilloso masaje en un crucero en el Mediterráneo traté de relajarme pero mi mente seguía buscando algo por qué preocuparse… y ese día no pude encontrar nada de qué angustiarme. A pesar de que eso me hizo reír, era un retrato descarnado de mi adicción a preocuparme. Estaba en proceso de retirada.

El sentimiento de preocupación es muy complicado para mí —contiene una sensación de impotencia, una incapacidad para cambiar la inevitable melancolía del mundo—. También comprende un sentimiento de desesperanza y de rabia. Tengo que admitir que me he sentido y me continúo sintiendo enojada con las personas que me han hecho sentir ansiosa; enojada porque no han hecho su parte para mantener unidas las cosas. Y a pesar de que puedo perdonarlas, y lo hago, sé que seguirán decepcionándome. Sus fallas pasadas, a pesar de que las entiendo y las perdono, se han convertido en lo que espero de ellas.

De niña sentía que lo inevitable eran los demenciales arranques de rabia de mi madre, que yo no podía detener o evitar sin importar lo buena que yo era. Como adulto siempre esperé lo inevitable: mi mundo se derrumbaría. A pesar de que aparentaba seguridad y control, en realidad estaba de pie o en cuclillas al borde de un gran desastre que estaba por ocurrir... y siempre estaba lista para evitar que las cosas se derrumbaran, en mi propia vida o en la de otros.

Es difícil para mí relajarme, especialmente si todo no está perfectamente bien, porque me siento ansiosa. E incluso cuando las cosas son perfectas, observo a mi alrededor preguntándome a qué hora caerá el siguiente zapato. Ahora estoy tratando de romper mi adicción a esta necesidad de ansiedad. La ansiedad es una fuerza motivadora para mí. Me ayuda a ver qué está mal y qué necesita arreglarse. Me da energía para componer cosas, para seguir desplazándome hacia lo positivo, a no conformarme con el presente. ¿Qué me motivará si no experimento esta ansiedad y sentido de urgencia?

Tengo que encontrar otra fuente de energía que provenga de lo más profundo de mí, de mi sensación de paz interior, que es difícil de encontrar. Debo decirme a mí misma que tengo algún control en cada situación aun cuando no lo parezca... y que puedo confiar en que las personas que amo, incluyendo a mi hijo y a mi esposo, harán lo correcto. Debo tener la sabiduría de aceptar lo que puedo y lo que no puedo hacer para mejorar las cosas —y tener fe en que los otros harán lo que tengan que hacer—, y saber que el hecho de que yo intervenga en el desastre no ayuda a mejorar las cosas. Tengo solo que dar un paso atrás y respirar y esperar a que el camino se despeje y pueda ver. Poseo la habilidad de alentarme a mí misma y a mi esposo y a mi hijo, especialmente si muestro respeto por mí misma, mi esposo, mi hijo y mis amigos y familia, cuando retrocedo y permito que cada quien haga su parte —y los estimulo con frases positivas o expresando mi confianza en cada una de nuestras habilidades para crecer o cambiar y volvernos más enfocados, competentes y vivos… y menos ansiosos o preocupados por los malos resultados, creyendo que cada uno de nosotros es capaz de hacer lo correcto.

Padecer trastorno de ansiedad te coloca en una categoría de alto riesgo de sufrir también un trastorno del estado de ánimo, como una depresión profunda. Dependiendo del estudio que leas, la depresión es «concurrente» con los trastornos de ansiedad desde 37% hasta por arriba de 70% del tiempo. Una cosa queda clara: las personas que son ansiosas con frecuencia están deprimidas y viceversa. No mencionan quién es la gallina y quién es el huevo.[65]

El buen doctor, hasta donde ella puede recordar, fue siempre el que arreglaba cosas. Una madre enferma mentalmente y un padre trabajador representaban para Christina que ella tenía que asumir el rol de cuidadora. La enfermedad de su madre afloraba en episodios explosivos y disruptivos para desaparecer, igual de rápido, en periodos de normalidad otra vez. Christina respondió inicialmente sintiéndose herida por las explosiones de su

[65] Timothy A. Brown, «Current and Lifetime Comorbidity», pp. 585-599; F. Lamers, «Comorbidity patterns of anxiety», pp. 341-348.

madre y personalizando el hecho de que ella era frecuentemente el blanco. También se refugiaba en la negación, como hacen a menudo los sobrevivientes de abusos domésticos, minimizando el impacto de las cóleras sobre ella. En lugar de permitirse enojarse por el maltrato, encontró más seguro negar los episodios y volverse ansiosa y cuidarse de hacer cualquier cosa que pudiera detonar otro incidente explosivo. Se convenció de que debía estar haciendo algo para hacer explotar esa fealdad en el comportamiento de su madre y, por lo tanto, de ella dependía imaginar cómo evitar que volviera a ocurrir.

Como ya leíste en la historia de Christina, su padre murió inesperadamente, su madre enfermó más y Christina se convirtió en la cuidadora de su madre y de sus hermanos menores. Los sentimientos de dolor, rabia o incluso el miedo a sentirse abrumada eran lujos que Christina no se podía dar en ese tiempo. Cada emoción que experimentaba se canalizaba a un disturbio familiar que carcomía el hueco en su estómago. Paradójicamente, esa ansiedad siempre presente era su única fuente de confort y compañía, y al mismo tiempo succionaba la alegría de cada momento de su vida.

¿Sabías que una cantidad significativa de las visitas a urgencias se deben a problemas de ansiedad, depresión o abuso de sustancias? En 2007 la Agencia para la Investigación del Cuidado y Calidad de la Salud (AICCS) halló que casi una de ocho de las 95 millones de visitas a las salas de urgencias de Estados Unidos se debían a problemas mentales o de abuso de sustancias. La razón más común para estas visitas fue trastorno del estado de ánimo (42.7%), seguido de trastornos de ansiedad (26.1%), problemas relacionados con el alcohol (22.9%) y trastornos por drogas (17.6%).[66]

[66] «Mental Health and Substance Abuse-Related», AHRQ-HCUP, Statistical Brief 92 (2010).

Experimentar alegría es estar en el momento, consciente. Para Christina esa conciencia era demasiado peligrosa, ya que se arriesgaba a un resultado doloroso de cualquier tipo —la explosión de su mamá, o peor aún, que intentara suicidarse—. Así que se defendía con una capa protectora de preocupación, la que siguió llevando en sus años adultos. De manera interesante, su preocupación se manifestaba como una manta controladora, si no es que sofocante, que colocó sobre su marido y su hijo en un esfuerzo por impermeabilizarlos ante todas las posibles fuentes de daño. Y, como puedes imaginar, cuando alguno de ellos se desviaba del camino elegido y se acercaba peligrosamente a las rocas —su esposo una vez tuvo una aventura y la carrera de su hijo nunca despegó— Christina se empeñaba en dos conductas familiares: 1) se culpaba de no haber previsto el mal resultado (debía haber visto aproximarse el problema y por tanto de alguna manera lo habría evitado), y/o 2) debía haber trabajado más arduamente escaneando su mundo ante potenciales amenazas y peligros para mantenerlos a raya controlando a los otros con consejo, enseñanza, y por supuesto, preocupación.

Tratar el TAG

Entonces, ¿cómo logramos tratar el TAG de Christina? Era vital para ella contar su historia —quitar sus cosas del piso, por así decirlo (ver Capítulo 4)—. Necesitaba expresar y finalmente liberar antiguos dolores, tristezas e incluso ira y resentimiento. Estos eran emociones tóxicas que alimentaban la ansiedad y tristeza protectora de Christina. Trabajó duro para entender el (los) propósito(s) de su preocupación y cómo parecía trabajar para ella cuando en realidad se convertía en una adicción negativa que le robaba la alegría.

Christina necesitaba liberar la preocupación y reemplazarla con fe, especialmente en las dos personas por las que se preocupaba más, su hijo y su esposo, respectivamente. Como cuidadora de nacimiento, Christina aprendió que la gente no saldría adelante sin su nutrimento y apoyo. Era tiempo de liberar de su necesidad de control a su hijo y arriesgarse a que él se estrellara y quemara sin su omnipresente guía. Pero ocurrió una cosa graciosa: su hijo prosperó cuando en lugar de aconsejarlo, controlarlo y atosigarlo en el teléfono lo alentó diciéndole que ella sabía que él podía lograrlo. Él confesó que veía sus comportamientos angustiantes como insultos hacia él y sus capacidades. Cada vez que Christina demostraba su malestar emocional, él concluía que su propia madre creía que era un incompetente, ¿cómo podía confiar en sí mismo?

¿Sabías que un estudio en pacientes mayores con demencia que fueron tratados en centros psiquiátricos con terapia con animales demostró niveles más bajos de ansiedad, fobias y agresión que en aquellos tratados de igual manera excepto por las sesiones de terapia con animales?[67]

En el frente interno, la devastación que siguió después de que Christina se enteró de la aventura de su esposo produjo una necesidad inmediata de controlar su paradero —lo cual no requiere de mucha ciencia—. Pero el mensaje de su infancia de controlar o nutrir a otros o arriesgarse a perderlos también era importante para Cristina. Obviamente, ella había decepcionado a su esposo de alguna manera; su aventura era la prueba de que ella era, en realidad, un fracaso. Si fuera tan perfecta como se esforzaba por ser eso no hubiera ocurrido. No hubiera podido ocurrir.

Christina se sorprendió al saber que su esposo compartía su aflicción y que también él experimentaba la aventura como la

---

[67] M. Kanamori, «A day care program», pp. 234-239.

peor cosa por la que había pasado. Reconocía que lo que realmente quería era una mejor conexión con la mujer que amaba. Su quebrantamiento la convenció de que ella necesitaba invertir sus energías en valorarlo y amarlo en lugar de asfixiarlo con su ansiedad y desesperación.

Otra vez el mensaje era claro: para que Christina alcanzara cierto grado de paz y felicidad necesitaba deshacerse del control y no aumentar la intensidad de su preocupación y el micromanejo de los otros. Es decir, reemplazar la preocupación con fe en ella misma. También, que podía ser feliz incluso si su mundo estaba forjado con problemas. Era tiempo de confiar en que estaría bien incluso si su vida no era una imagen perfecta.

Christina se sorprendió a sí misma al darse cuenta de que a pesar de que era una médica sumamente funcional e indiscutiblemente competente se aferraba a una adicción secreta, de manera muy parecida a muchos de sus pacientes. Solo que en su caso no eran ni el alcohol, la cocaína, apostar o la pornografía lo que dominaba sus vigilias. Era la preocupación.

Adicción a la preocupación

¿Preocupación? ¿Realmente puedes volverte *adicto* a una actividad como la preocupación? La respuesta sencilla es sí. Puedes volverte adicto a los sándwiches de crema de cacahuate y malvavisco, si eso te gusta. Si tomas en cuenta que la adicción se caracteriza esencialmente por cambios en la neuroquímica de tu cerebro y que sin la sustancia/actividad experimentarás ciertos síntomas de abstinencia (irritabilidad, depresión o ansiedad, por ejemplo).

Una segunda característica de la adicción se conoce como aumento de la tolerancia, en la que requieres de por lo menos tanta sustancia/actividad, si no es que más, para alcanzar los resultados deseados. Si tú, como muchos atletas, necesitas un ritual pre-juego (digamos estirar, por ejemplo), este se vuelve necesario antes de un partido, por tanto, menos tiempo de estiramiento no es la norma. Deberás mantener por lo menos el ritual o tal vez aumentarlo para evitar síntomas de abstinencia. De igual manera, si dos pastillas de oxicodona son necesarias para enviarte a tu nirvana privado, la adicción significa que nada menos que esta cantidad bastará. Con el tiempo, incluso puedes necesitar más.

Christina necesitaba preocuparse porque sin esa actividad se ponía inquieta, nerviosa, irritable, como si experimentara abstinencia de nicotina. Así que la preocupación y solo la preocupación podría proporcionar el equivalente a un Marlboro, tranquilizando su cuerpo al inundar su mente con pensamientos catastrofistas.

¿Suena loco, verdad? Pero, una vez más, puedes volverte adicto a cualquier cosa que te proporcione el resultado o el sentimiento que deseas. El resultado deseado era la percepción de control a la que Christina, como cualquier aprensivo profesional, se volvió adicta y anhelaba cada vez que las cosas en su vida se ponían un poco peligrosas, especialmente respecto a su esposo y a su hijo.

Entonces Christina y yo recurrimos a muchas actividades cognitivas diseñadas para cambiar sus emociones al cambiar su pensamiento. Utilizamos herramientas de jardín como «¿Qué es lo peor que puede ocurrir?». «Si vuelve a serme infiel lo manejaré adecuadamente». (También reemplazamos la preocupación con fe en el yo). El principio de foco = energía era una herramienta muy importante para alentar a Christina a pasar sus días en un lugar positivo y alejarse del pensamiento autodestructivo. Se le estimuló para que sustituyera la preocupación catastrófica sobre su hijo con sencillos mensajes de texto alentadores como: «Pensando en ti. ¡Estoy tan orgullosa de ti! Besos y abrazos, mamá».

Asimismo, utilizamos la reestructuración cognitiva sustituyendo pensamientos negativos con pensamientos realistas y positivos, como «Mi trabajo es una bendición; adoro a mi hijo; mi matrimonio está mejor que nunca; como adulta ahora puedo liberarme de mi papel de cuidadora».

Se le recordó que abrazara a la persona más saludable en el concepto global —en mi opinión ella no estaba muy lejos de ser esa persona mientras no estuviera torturándose con la preocupación—. Como médica saludable y confiable podía pensar lo siguiente: lo que sea que ocurra en la vida, «tengo las aptitudes para manejarlo. Mientras tanto, ¡disfrutaré mi día!». (Por supuesto que esto implica también atención plena).

Aprendió también a usar las herramientas de jardín para hacer planes y utilizar aptitudes de comunicación y límites porque, como ensayamos en la herramienta de la *Plegaria de la serenidad*, Christina necesitaba tomar el control de lo que estaba en su mano controlar. Le hizo saber a su esposo que elegía volver a confiar en él, pero que si volvía a serle infiel definitivamente se divorciaría. (Un importante mensaje/límite).

Pero los ejercicios cognitivos y los cambios en el pensamiento, si bien importantes, fueron solo uno de los dos tipos de intervenciones que Christina y yo utilizamos para su recuperación. (Recuerda que las tres formas de alterar las emociones incluyen la bioquímica, la sensorimotora y la cognitiva). También empleamos un ataque sensorimotor total sobre su ansiedad: Christina era nadadora, del tipo de atleta que podía atravesar una alberca olímpica en 90 minutos sin necesitar tanque de oxígeno. Se volvió consciente de la noción de que la ansiedad era una energía que podía convertir en combustible para sus ejercicios acuáticos, el último limón en la limonada.

Más todavía, estaba más que deseosa de volver a entrenar a su sistema nervioso con su propia marca de espiritualidad/

relajación: yoga. Christina halló que podía combinar sus nuevas cogniciones con sus ejercicios de yoga y meditación con el mantra: «Confío en la voluntad de Dios en mi vida».

Finalmente, las amenazas en las que Cristina había invertido tanto a lo largo de los años estaban probando ser, con mucho, menos amenazantes, y por tanto sus síntomas de ansiedad estaban menguando justo frente a sus ojos. Esto a su vez sirvió para aumentar su confianza, lo que la colocó en un lugar donde ya no necesitaba de la preocupación para mantener sus catástrofes lejos, porque, en primer lugar, ya no necesitaba crear catástrofes. Podía permitir que su mente se tranquilizara. Y esa tranquilidad, en vez de dejar su mente con la necesidad de abrumarla con el ruido y el trastorno de los horrores potenciales de la vida, ahora era una alternativa aceptable para Cristina. Incluso aprendió a disfrutar la paz y la tranquilidad.

Así que, en el crucero inundado de sol en el Mediterráneo Christina se habló a sí misma con confianza diciéndose tan solo: «Todo está en paz. No hay miedo. Todo es bueno. Confío en la voluntad de Dios en mi vida».

Mensajes para llevar a casa

1. El TAG no está lleno de altibajos o de momentos particularmente terroríficos. Se experimenta más como una sensación implacable de que algo malo está por ocurrir.
2. Las dificultades resultantes asociadas al TAG te dejarán sintiéndote como Ígor.[68] Pobre burro, triste, fatigado e incapaz de disfrutar realmente mucho de algo, todo el tiempo.
3. La práctica contribuye al desarrollo del TAG y serán la conciencia y la práctica las que lo eliminarán.

---

[68] Eeyore, o Ígor en español, es un personaje de los libros *Winnie-the-Pooh* y *The House at Pooh Corner*, al que se representa como un viejo burro de peluche gris pesimista, melancólico y deprimido. (*N. de la T.*)

4. Nos podemos volver adictos a cualquier cosa que altere la forma en que nos sentimos de un modo positivo —incluyendo la preocupación—. Recuerda que lo que se refuerza se repite. Lo que nutrimos, crece.
5. Aprender, practicar y establecer límites es vital. TÚ eres lo único verdaderamente dentro de tu control.

Ejercicios

1. Tómate unos momentos para sentarte tranquilamente y reflexionar en las partes de tu vida que disfrutas. Después, en cinco hojas de papel describe uno de tus momentos favoritos de tu vida en la parte superior de cada página. Al reflexionar sobre ese momento favorito escribe qué fue lo que más te gustó de él. ¿Qué representó? ¿Significó algo en particular? Una vez que tengas tus pensamientos sobre por qué cada uno de esos momentos es tu favorito, regresa a cada página y enumera las cualidades personales que tienes que contribuyeron a cada uno de esos momentos favoritos.

2. Utilizando las hojas del Ejercicio 1, haz una sola lista de las cualidades de cada página. ¿Encuentras una cualidad o característica que aparezca varias veces? Una vez que tengas todas las cualidades enumeradas en una hoja, probablemente encontrarás dos o tres (o 10 u 11) que se anotaron más de una vez. Apúntalas en una tarjeta que lleves contigo o en tu teléfono o en el espejo del baño con lápiz labial. Haz lo que sea que tengas que hacer para recordarte esas cualidades que posees que te han brindado los mejores momentos de tu vida. Después, usando la nota como recordatorio, conscientemente emplea esas cualidades cada día durante una semana ¡y descubre qué poder tienes sobre los resultados de tu vida!

3. Apréndete el primer verso de la *Plegaria de la serenidad* y practica vivirla cada día:

Dios, concédeme la serenidad
de aceptar las cosas que no puedo cambiar;
valor para cambiar las cosas que puedo,
y sabiduría para saber la diferencia.

10 Trastorno de estrés postraumático (TEPT)

Si estás cruzando el infierno, no te detengas.
Winston Churchill

Hay muy pocas oportunidades en la vida para hablar —ya no digamos para escribir— sobre el dedo medio de mi pie derecho. Según todos los indicios, es una parte con frecuencia olvidada de nuestra anatomía. Así que espero que esta sea esa única oportunidad.

Una tarde mi paciente no asistió a su cita por lo que tuve una hora libre para mí. La punta del dedo medio de mi pie derecho me había dolido al tocarlo durante varios meses, así que decidí cortar en tiras mi zapato y mi calcetín para investigar. La punta del dedo estaba cubierta con exceso de piel, a diferencia del resto de los dedos. Al mirar por debajo de la piel vi un punto negro incrustado profundamente en el dedo. Decidí raspar las capas de piel y remover el exceso del dedo, en un esfuerzo por tener acceso al punto negro. Exprimí el dedo solo para poner al descubierto una pequeña cantidad de pus que recubría una astilla de

1.2 centímetros. Después de que retiré la astilla no volvió a crecer piel en exceso y el dedo no volvió a dolerme más.

Y entonces se me ocurrió que la historia de mi dedo medio es una metáfora perfecta para el trastorno de estrés postraumático. Exploremos la metáfora más a fondo: mi dedo, sin saberlo yo, estaba traumatizado por una astilla intrusa. La astilla es invasiva y no pertenece al dedo; necesita ser expulsada. Pero el propietario/operador del dedo es ajeno al intruso y está solo remotamente conectado con el dolor. Por tanto, la astilla intrusiva permanece. Puesto que la astilla no se elimina el cuerpo encuentra la necesidad de defender el dedo de ataques posteriores y sensibilidad al dolor proporcionando una cubierta protectora de exceso de piel. De esta manera el dedo (y el pie circundante) sigue siendo funcional a pesar de la ahora enterrada y bien protegida astilla. Y, sin embargo, como algo está mal, hay dolor y malestar. Tal vez alguien debería llamar a un camión para dedo (lo siento, no pude resistirme).[69]

Así que, ¿qué tiene que ver esto con el trastorno de estrés postraumático (TEPT)? De acuerdo con el *Manual de Diagnóstico y Estadístico de la Asociación Psiquiátrica Americana,* el TEPT se define como «el desarrollo de síntomas característicos posteriores a la exposición a uno o más eventos dramáticos».[70]

Esencialmente, esta es la progresión del TEPT. Te ocurre algo que es percibido como traumático. Puede ser un incendio, una violación, un combate, un tornado, un accidente automovilístico, etcétera. Sobrevives al trauma, pero hasta cierto punto estás consciente de que la vida no es la misma que antes del trauma. Está presente un número de asuntos/síntomas que no formaban parte de tu vida antes de que te traumaras.

---

[69] Juego de palabras: *toe truck,* camión para dedo, tiene el mismo valor fonético en inglés que *tow truck*, grúa. (*N. de la T.*)

[70] *Diagnostic and Statistical Manual of Mental Disorders, DSM-IV-TR,* Cuarta edición. Washington, D.C., American Psychiatric Association, 2000.

Echemos una mirada a esos síntomas en tres grandes grupos (y volveremos a visitar mi dedo medio).

Grupo 1. Volver a experimentar el drama

Como vimos en el Capítulo 4, a la mente humana le gusta terminar las cosas; desde proyectos a conversaciones y a libros sobre la ansiedad, buscamos la conclusión. Dejar las cosas inacabadas, sin digerir, como estaban, es darles el poder de regresar. Me gusta decirle a la gente que la mente es como el estómago: lo que no ha sido digerido puede repetirse. Sin embargo, hay una diferencia importante: el estómago solo puede conservar comida sin digerir por aproximadamente 12 horas. No volverás a experimentar el sándwich de crema de cacahuate y jalea que consumiste en tercer grado, pero puedes repetir la traumática golpiza que observaste que tu madre sufrió esa noche. La mente puede conservar algo sin digerir (sin resolver) durante 60, 70 o incluso 80 años después. Con frecuencia, el material traumático es reprimido o bloqueado de la memoria consciente solo para ser recordado parcial o completamente décadas después. A veces esto se debe a que fue estimulado por algo parecido a tus experiencias. Por ejemplo, te puedes poner ansiosa y excepcionalmente protectora con tu hija de nueve años antes de que incluso recuerdes que fuiste acosada a esa edad. (Para una discusión más detallada sobre el tema, véase la Bibliografía para fuentes adicionales).

¿Sabías que el Departamento de Estados Unidos de Asuntos de los Veteranos (2013, www.ptsd.va.gov/public) publicó un folleto producido por el Centro Nacional para TEPT? Recomendaban tres formas de tratamiento. El primer tratamiento listado era la Psicoterapia, específicamente la Terapia Cognitivo-Conductual (TCC), a la que se identificaba como «el tratamiento más efectivo para TEPT así como los dos tipos más investigados de TCC: la Terapia de Procesamiento Cognitivo (TPC) y la Exposición Prolongada (EP). Como una alternativa a la exposición prolongada véase mi técnica sanadora de cinco pasos más adelante en este capítulo.[71]

Existen ciertos síntomas predecibles del primer grupo de TEPT (volver a experimentar el trauma): reconexiones invasivas del evento; destellos; pesadillas sobre el trauma.

Nancy tenía 55 años de edad y empezó a experimentar imágenes invasivas y aterradoras de su desde hacía mucho difunto abuelo persiguiéndola alrededor de la mesa del comedor. En ese momento no sabía mucho más que eso, ni estaba segura de si quería saber algo más. Para Nancy era aterrador y perturbador. Ella sabía a qué edad había tenido lugar esa experiencia —la habían dejado con sus abuelos un verano cuando tenía seis años—. Pero no sabía qué recordaría a continuación.

Solo con darle un empujoncito al recuerdo del abuelo perseguidor, haciéndole preguntas sencillas no dirigidas (¿Qué está ocurriendo? ¿Dónde estás? ¿Estás sola o con otros?), Nancy volvió a experimentar recuerdos terribles de sus visitas y su acoso en el desván de la casa donde dormía. Pudo extraer muchos detalles específicos de su memoria, los cuales estaban enterrados y eran inaccesibles para ella antes de los destellos de la persecución alrededor de la mesa. Podía oler su aliento a tabaco de pipa junto a ella; sentir sus fríos y duros dedos penetrando su vagina; e incluso escuchar la voz de su abuela llamándolo: «John, ¿estás ahí arriba molestando a esa niña otra vez? ¡Jesús!».

Con la vocalización de los recuerdos de Nancy vino el acompañamiento de la debida expresión emocional. Gimoteó, gritó, contuvo el aliento, se escondió bajo mi manta afgana, cruzó las

---

[71] U.S Department of Veterans Affairs (www.ptsd.va.gov/public), 2013.

piernas e incluso le gritó una vez al abuelo perpetrador. Reportó síntomas somáticos (corporales) de dolor y sangrado en su ropa interior al despertarse una mañana. De manera interesante, pero no sorprendente, el dolor y el sangrado correspondieron a la expresión y liberación de su recuerdo. Ella «recuperó» cinco ocasiones en total, cada una dolorosa y humillante, así como extremadamente aterradora, pero ninguna involucraba relación sexual. Recordaba un intento de parte de él de alentar una felación, pero terminó torpemente con ella ahogándose y tosiendo en medio de la frustración de él. Durante el quinto y último recuerdo, Nancy empezó a sollozar cuando el abuelo llegó y jaló sus cobijas. Aparentemente evaluó su reacción y decidió que no valía la pena continuar. «Está bien», dijo. Se alejó, bajó las escaleras del desván y nunca volvió a molestarla.

Nancy se recuperó totalmente de todos los aspectos del acoso de su abuelo pero ello requirió que trabajara en cada uno de los recuerdos según emergían, expresando y liberando el dolor emocional concomitante. No ha vuelto a necesitar regresar al desván otra vez porque, como ella cuenta, «eso terminó».

Los destellos, volver a experimentar el trauma a través de los recuerdos del cuerpo (sangre y dolor vaginal), los olores y las sensaciones, todos eran señales de que algo no había acabado para Nancy. Tenía poder sobre ella hasta que se completó —fue recordado, sentido, expresado y liberado—. Y entonces se terminó. Se acabó. Se completó. Para bien.

Volviendo al dedo: los síntomas de dolor y sensibilidad al tacto son, otra vez, análogos al primer grupo de TEPT, volver a experimentar el evento. ¿Cómo? El dolor, al igual que los destellos y el miedo de la persecución del abuelo llaman la atención hacia el hecho de que el trauma no se ha terminado. Todavía hay algo mal —¡hay una astilla que emite pitidos incrustada en mi dedo!

El dolor, como todos sabemos, es una señal de que algo está incorrecto en el sistema —al igual que lo son los destellos, las pesadillas recurrentes y la obsesión en décadas de viejos recuerdos—. Si algo de esto te está ocurriendo, ¡es tiempo de matar al dragón (ver Capítulo 4) y sacar la astilla!

Grupo 2. Evasión del trauma

El segundo grupo de TEPT es la *evasión*, el Darth Vader de ciertas palabras (otra vez, ver Capítulo 4). Probablemente conoces a veteranos que no se acercan a parques temáticos llenos de gente durante las celebraciones del 4 de julio porque les recuerdan sus horrores personales del combate. Cada fuego artificial que estalla hace que su nivel de ansiedad se dispare fuera de control.

La evasión del trauma ocurre de muchas maneras: Dale nunca manejaría cerca del lugar de la ciudad donde lo molestó una persona del clero en el templo; Claudia se «ponía como loca» con todos los hombres con barba después de haber sido retenida a punta de pistola por un hombre con barba.

Y después estaba Clara, una mujer a mitad de los cincuenta que estaba siendo tratada por problemas de relación y necesitaba encontrar más satisfacción en su vida. Un día Clara mencionó casualmente que ella y su esposo estaban buscando un nuevo lugar para vivir y que podían haber encontrado la casa perfecta, pero que estaba en una zona boscosa y que eso no iba a funcionar. «¿Cuál es el problema de vivir cerca del bosque?» pregunté, porque eso es lo que hacen los psicólogos. Ella no lo sabía, pero sabía que había un problema con los bosques y que llegaría al fondo en la siguiente sesión.

Como de costumbre, Clara llegó en punto y bien vestida para la siguiente sesión. Me dijo que estaba lista y le pregunté si le importaba acostarse en el diván. Cerró los ojos y, sin una palabra de mi parte, se sumergió en lo que parecía ser un trance hipnótico. Lo que sucedió a continuación fue inolvidable para mí: narró una historia sobre unas vacaciones con sus padres (tenía alrededor de siete años) en un campamento en el bosque; al dar un paseo lejos del campamento escuchó un intercambio furioso de voces. Clara supuestamente se escondió detrás de un árbol y vio a un hombre tatuado con un sucio pañuelo azul en la cabeza golpear repetidamente a otro hombre con lo que parecía ser una piedra, hasta que este último quedó inmóvil, sangrando, en un pequeño arroyo, supuestamente asesinado.

Clara se agitaba, brincaba de arriba abajo sobre el diván y a veces gritaba histéricamente al narrar su historia. No pronuncié palabra. Al finalizar la sesión estaba muy aliviada por la expresión y la liberación de su trauma infantil. Estaba sorprendida al darse cuenta de que había cargado ese horrible incidente en silencio, ignorado durante medio siglo. La única conciencia que tenía era una agobiante ansiedad cada vez que salía a la naturaleza; asimismo, tenía necesidad de evitar zonas boscosas. Como era de esperar, también sentía aversión por los hombres con tatuajes y pañuelos en la cabeza.

Durante la Convención Anual de 2014 de la Asociación Psicológica Americana en Washington, DC, se revelaron algunos importantes y sorprendentes resultados de un estudio mandatado por un congreso y financiado por el Departamento de Estados Unidos de Asuntos de los Veteranos. Con base en información reunida de 2,348 participantes inscritos en el Estudio Longitudinal en Veteranos Nacionales de Vietnam (1986-1988), este estudio se llevó a cabo como un seguimiento de 25 años hasta la investigación original de 1980. Se encontró que los veteranos que habían desarrollado TEPT en la zona de estrés de la guerra murieron a una tasa de 2:1, en comparación con aquellos veteranos sin TEPT. Como se citó en *Medscape Medical News*, William Schlenger, PhD, el científico principal, afirmó: «El hallazgo de que hay casi 300,000 veteranos de Vietnam que tienen TEPT hoy, cuatro décadas después de haber dejado el campo de batalla, es muy importante y nos permite saber qué es lo que probablemente ocurrirá con los muchachos que han vuelto a casa de Iraq y Afganistán. El punto clave digno de recordarse es que para muchos veteranos con TEPT la guerra aún no ha terminado».[72]

Mi dedo medio también tuvo una manera de promover la evasión, el segundo grupo de TEPT. ¿Cómo? El exceso de piel, la capa protectora de la piel, formó una cubierta alrededor de la astilla para repeler cualquier otra amenaza potencial al dedo. Irónicamente, la evasión, al igual que el exceso de piel, también trabaja *en contra* del proceso curativo. Si Clara no hubiera podido reprimir su horrible recuerdo se hubiera visto forzada a abordarlo mucho antes en su vida. De igual manera, el exceso de piel sirvió para minimizar mi dolor y molestia, de manera que el dedo fue ignorado durante meses. Si el dolor hubiera sido agudo y severo, sobra decirlo, hubiera motivado de inmediato la adopción de medidas.

Grupo 3. Aumento de la excitación

Al tercer grupo de TEPT se le conoce como una «intensa sensación de excitación». Dicho de manera sencilla, la mente opera como un guardia armado que protege bienes valiosos o a personas. Imagina a los hombres del Fuerte Knox: están atentos a cualquiera o a cualquier cosa sospechosa que pueda amenazar los objetos de valor del fuerte. Los síntomas del tercer grupo incluyen: ansiedad extrema, hipervigilancia (atención y desconfianza exageradas), respuesta de alarma exagerada (entrar

[72] William Schlenger, PhD, «Long-Term Course of PTSD», *Medscape www.medscpare.com/viewarticle/829872*

en un cuarto sin anunciar puede desatar una respuesta de ira o de pánico) y anestesia emocional (sentirse insensible o muerto interiormente).

¿Recuerdas la historia de Marsha, la mujer que fue raptada a punta de pistola en el parque? (Véase Capítulo 4). Ella conscientemente decidió que el mundo era un lugar inseguro y que la gente en realidad quería atraparla. Como resultado, todos los síntomas previamente mencionados, especialmente la hipervigilancia y la ansiedad extrema, dominaban su vida, sobre todo cuando estaba en público. Los síntomas de este tercer grupo a veces son difíciles de soltar porque las personas se sienten más seguras con guardias armados a su alrededor cuando perciben una situación peligrosa. Los niños pequeños, por ejemplo, normalmente prefieren tener a sus padres cerca en lugares públicos porque su miedo a los lugares y personas desconocidos son muy grandes. Los adolescentes, al contrario, piensan que los padres son más una molestia que una protección en esas situaciones. Así que Marsha imaginó que la hipervigilancia era la mejor actitud en un mundo peligroso porque, ¿qué tal si bajaba la guardia y algo terrible le ocurría otra vez?

La respuesta a su dilema, en mi opinión, es muy parecida a la mentalidad de los conductores después de un accidente automovilístico: la precaución es sabia pero vivir (manejar) en medio de una ansiedad que pone los nudillos en blanco es autodestructivo y contribuye con mucho a una vida ansiosa e infeliz. (Volveremos a esto más tarde con la historia de Sara).

Bien, volvamos a nuestro amigo, el dedo medio. El tercer grupo se traduce en hacer algo protector, como usar unos zapatos más grandes que no rocen la herida o caminar menos o cojear. Esencialmente, emplear cualquier técnica necesaria para proteger el dedo/pie de un daño mayor. ¿No es esto muy parecido a la evasión, el segundo grupo? Sí, absolutamente. Como ha observado el doctor Charles Whitfield, experto en traumas y renombrado psicólogo, la mente está tratando de realizar al mismo tiempo dos operaciones opuestas: eliminar el trauma empujándolo hacia la superficie y enterrar el trauma en lo más profundo del *hardware* de la mente.[73] Y lo mismo ocurre con la astilla. Todos los síntomas de TEPT son en esencia una batalla con estas mismas operaciones: ¡curar el trauma *vs.* ocultarlo de cualquier pensamiento consciente!

La verdadera historia de Sara

La siguiente historia es un recuento verdadero escrito por una sobreviviente de TEPT, Sara, y se reproduce con su permiso.

Sara
«Vencer el trauma y el TEPT»

Cuando tenía un poco más de 20 años conocí a un hombre y salí con él casi durante un año. Debido a ciertas circunstancias se tuvo que ir a otro estado y perdimos contacto. Cuando tenía más de 30 años decidí buscarlo en Facebook, le envié un mensaje y retomamos la relación donde la habíamos dejado una década antes. Nuestra nueva amistad pronto se volvió más seria y empezamos a hablar sobre un futuro juntos y la posibilidad de trasladarme cerca de donde él vivía. Ambos estábamos muy entusiasmados por esta nueva aventura en nuestras vidas y por lo que nos deparara el futuro. Yo confiaba en él como en ningún otro hombre que había conocido, tanto que le di una llave de mi casa para que pudiera entrar y salir a su antojo. Compartí con él todos mis pensamientos, desde mis fantasías hasta mis más profundos miedos. Amaba lo a gusto que me sentía con él. Estábamos tan unidos; sabía que mi vida nunca volvería a ser la misma. Qué lejos estaba de imaginar cuán cierto sería eso.

---

[73] Whitfield, C. «Adverse childhood experience», pp. 361-364.

Otra pieza en el rompecabezas de mi desafío era que este hombre era un maestro manipulador. Cuando nos estábamos volviendo a conocer le pregunté si estaría bien que hablara con algunos de sus amigos de la zona donde estaba viviendo con el objeto de conocer otro aspecto de este «extraño viejo amigo», a quien no había visto ni hablado con él en muchos años. Estuvo más que de acuerdo con ello. Me dio los correos electrónicos de dos de sus amigos más cercanos con los que empecé a conversar. Uno de sus amigos tenía una novia con quien también platiqué. Establecí una buena amistad con cada una de estas tres personas por internet, mediante el correo electrónico y los mensajes. Después supe que este sociópata fabricó a todas estas personas para que yo hablara con ellas y que todas tenían identidades falsas. En realidad él hacía el papel de estas tres personas. Usaba a estas tres «personas» para conocer otras formas para controlarme, manipularme y atacarme.

Una noche de invierno, unos cuantos meses después de que había reubicado mi vida para estar más cerca de él, desperté frente a un hombre enmascarado que sostenía un cuchillo junto a mi cama. Me acuchilló 14 veces en varios puntos del cuerpo. Le rogué que se fuera. «Por favor, señor. Por favor váyase. Por favor váyase», rogué una y otra vez. Pero no se fue. En realidad se quedó en mi casa durante dos horas e intentó estrangularme con una sábana, me torturó y me mantuvo secuestrada. Amarró mis tobillos y muñecas con sujetadores de plástico y me obligó a recostarme bocarriba en el pasillo sangrando, desnuda, dejándome morir. Antes de irse me dijo que no debía moverme durante dos horas y que él estaría esperando afuera de la puerta. Que si veía cualquier movimiento regresaría. ¡Estaba aterrada! Después de cierto tiempo hallé el valor para deslizarme a un baño que quedaba cerca. Encontré un cortaúñas y pude cortar los sujetadores de plástico de mis tobillos pero no podía acercar el cortaúñas a los sujetadores de mis muñecas debido a los severos cortes que había sufrido al proteger mi cara del cuchillo. Me dirigí a la cocina y encontré unas tijeras, regresé a mi asiento, coloqué las tijeras entre mis rodillas y de alguna manera pude usarlas para cortar los sujetadores plásticos de mis muñecas. Dejé que pasara más tiempo porque no tenía idea de cuándo se había ido o de si regresaría. Ya habían pasado cuatro horas desde el ataque y el sol estaba por salir. Sabía que debía llamar al 911 pero se había robado mi celular. Con cuidado y con gran miedo fui a la casa de al lado e hice que ellos pidieran ayuda. La policía y los rescatistas llegaron y me trasladaron en helicóptero a traumatología para ocuparse de mis heridas.

Contactaron a mis padres quienes inmediatamente volaron a donde me encontraba. Después de las cirugías necesarias quedé bajo su cuidado. Tres días después del ataque regresé a mi casa (la escena del crimen) para empacar algunas cosas, ya que me quedaría con mis padres mientras me recuperaba. Fui inflexible para encontrar un terapeuta que me ayudara a superar esa horrorosa experiencia y empezar a sanar. También en unas semanas tenía que decidir si me cambiaría a una nueva residencia. Mis retos y miedos iniciales eran numerosos, en gran medida porque mi atacante no había sido arrestado todavía. Con la ayuda de los detectives que se ocuparon del caso pude determinar la identidad del atacante: de entre todo el mundo era el hombre en el que confiaba más que en ninguna otra persona… ¡el hombre con el que me había reencontrado!

Y me descubrí mirando sobre mi hombro, preguntándome si estaría cerca. Salía solo un par de horas para ir a mi terapia, y siempre iba acompañada de alguien. Quería regresar a la seguridad de la casa de mis padres inmediatamente, no hacer compras ni detenerme a comer. Un miembro de mi familia incluso llegó al grado de cubrir todas las ventanas del piso inferior de mi casa para que tuviera la confianza de que nadie podía mirar al interior.

Me aterraba la oscuridad y dormía muy poco. No me daba miedo dormirme sino abrir los ojos y ver a alguien junto a mi cama otra vez. Incluso no dormía sola en la recámara. Sentía que necesitaba protección constante para estar a salvo. Unas semanas después del ataque recibí muy buenas noticias. Habían encontrado al hombre, lo habían arrestado y metido en la cárcel sin derecho a fianza. De inmediato una sensación de libertad me invadió. Ese sería el inicio de mi vuelta a la normalidad. Esa noche se retiraron las cubiertas de todas las ventanas y fue la primera que dormí sola en la recámara.

Recuerdo que un día estaba tan abrumada emocionalmente que me recosté en la cama en posición fetal y sollocé preguntándome si así iba a ser mi vida. ¿Por qué yo? ¿Qué hice para merecer eso? ¡Cómo se atreve a quitarme mi libertad e independencia! En muchas ocasiones me puse a escribir un diario, especialmente en las noches de insomnio. Y pude expresar abiertamente muchos sentimientos de rabia, dolor, resentimiento, tristeza e incredulidad y, finalmente, de un cierto nivel de aceptación. El llevar un diario fue una de las intervenciones más terapéuticas que ayudó a mi sanación emocional.

Las semanas que siguieron trajeron desafíos al igual que triunfos. Estaba indecisa respecto a quedarme en el norte o regresar a mi casa nueva en la que viví muy poco. Tomé la decisión de volver al lugar que había empezado a llamar mi hogar unos pocos meses antes y empezar de nuevo. Estaba decidida a no permitir que una persona arruinara mi sueño y continuara controlando mis pensamientos y acciones. Ahora era tiempo de que yo tuviera el control otra vez —el control de mis pensamientos, acciones y elecciones vitales—. Tres meses después del ataque me fui a vivir sola. Estaba aterrada. Mantenía casi todas las luces de la casa encendidas toda la noche. Poco a poco mi confianza aumentó y me encontré olvidando dejar todas las luces encendidas y la búsqueda de la normalidad empezó. Mi objetivo principal era recuperar el control de mi vida.

Una vez que regresé a mi casa nueva investigué para encontrar un terapeuta que se especializara en TEPT. *Sabía que aún me faltaba mucho por sanar tanto física como emocionalmente. Tenía muchos nuevos miedos que debía enfrentar para poder recuperar mi vida y mi independencia. Me aterraba la oscuridad, me aterraba vivir sola, me aterraba que me volvieran a atacar. Mi confianza general en las personas era mínima. No salía de mi casa después del atardecer. No caminaba en ninguna parte donde nadie me viera. No usaba cuchillos afilados, por no decir comprar otro juego (el viejo juego de cuchillos había sido usado como evidencia). Tenía pensamientos irracionales de que alguien estaba en mi casa y que se escondía en un lugar tan pequeño como una alacena. Me aterraban las máscaras de cualquier tipo. Mi corazón latía con ansiedad y temor cada vez que me enfrentaba a cualesquiera de esos miedos.*

Con la ayuda de mi terapeuta pude vencer con éxito muchos de esos temores que eran consecuencia del ataque. Mi terapeuta empleó diferentes alternativas para trabajar con mis miedos. El empleo de la autoconversación fue una de ellas. Cuando algo me asustaba aprendí a decirme a mí misma que estaba a salvo y que nadie me iba a hacer daño. La noche del ataque fue de luna llena. Me encontré asustada los meses siguientes cuando había luna llena. El terapeuta me ayudó a cambiar el proceso de pensamiento de temer a la luna llena a que la luz de la luna me ayudó a llegar a salvo con mis vecinos y pedir ayuda. Mi terapeuta afirmó: «La luna llena es nuestra amiga. Ella ilumina nuestro camino». Años después del ataque todavía repito eso. Una sesión crucial fue cuando hicimos un ejercicio con imágenes. Me pidió que cerrara los ojos y me relajara. Una vez relajada me pidió que visualizara al atacante (como lo conocía en nuestra relación) sentado ahí. Describí cómo me aproximaría a mi atacante y le diría cómo me sentía ahora, cómo me sentí durante el ataque, y lo enojada que estaba por cómo, incluso después del ataque, todavía dedicaba tiempo y energía a tenerle miedo a muchas cosas, y el impacto que sus mentiras y engaños tenían en mi relación actual. Hacia el final de la sesión pude decirle adiós y hacerle saber lo despreciable que es y que no permitiría más que ocupara mis pensamientos y mi futuro sufriendo por lo que había ocurrido. Si bien no me había liberado de los síntomas, esa sesión significó una enorme diferencia en mi progreso hacia la superación del trágico evento. Gradualmente me encontré saliendo después del anochecer y dejando menos luces encendidas en casa. Además, me volví menos neurótica de buscar en cada cuarto de mi casa cada vez que volvía de fuera.

Parte de mi recuperación se basó en informar a otros sobre los peligros de internet y los sitios de redes sociales. También asistir y hablar en eventos de los Derechos de las víctimas fue terapéutico, en el sentido de que me ayudó a encontrar algo positivo en lo que algunos podrían considerar un suceso trágico. Mi terapeuta me dijo: «El peor día de tu vida también puede ser el mejor día de tu vida». Debido a esas oportunidades de compartir y ayudar a otros creo, de todo corazón, que la noche de mi ataque fue uno de esos casos.

A pesar de todas las mentiras, engaños y manipulación a los que estuve sometida durante mi relación con mi atacante, he aprendido a volver a confiar en los otros e incluso encontré el amor otra vez. Los detonantes del TEPT *son mínimos y continúo desafiándome a mí misma con miedos persistentes en un esfuerzo por recuperarme plenamente.*

Hoy sigo buscando oportunidades para mantener a otros a salvo y compartir mi historia con la esperanza de darles la fuerza para superar cualquier reto que la vida les pueda presentar.

Un plan de cinco pasos para sanar

Sin duda, Sara es una persona increíble, valiente, persistente y resistente (la otra cara de lo que, de acuerdo con Sean, su pareja, es «endiabladamente terca»). Pero la historia de Sara no se presenta aquí para ensalzar sus considerables virtudes sino porque ella es cada mujer/cada humano. Ella podría ser tú y tú podrías ser ella. Tú podrías hacer lo que ella hizo con el mismo valor y la misma perseverancia. Pero necesitarías una buena estrategia y un buen terapeuta en el que confiaras con el alma.

¿Así que qué necesitas para triunfar como Sara y muchos otros? Repitiéndome, tu médico debe entender el trauma y cómo los seres humanos se curan de heridas emocionales y el trauma psicológico. Si mencionan algo parecido a que el tiempo cura todas las heridas, corre, no camines, hacia el siguiente experto en traumas de tu lista. El tiempo solo transcurre; los humanos curan sus traumas emocionales aplicando activamente una fórmula de cinco pasos que funciona sistemáticamente cuando las personas tienen el valor de resolver sus problemas.

Recordaré el proceso de cinco pasos puesto que se aplica al caso de Sara y también habla de las herramientas de jardín y eléctricas empleadas. Ella empezó con la herramienta eléctrica de la psicoterapia. Sara, y todos aquellos que se enfrentan a un trauma que persigue intensamente al individuo y domina su vida, no deben tratar de emprender este proyecto de curación sin ayuda profesional. Los profesionales experimentados tienen muchas historias de muchas personas que han vencido su trauma y ya no están atormentados por él. Algunos incluso tienen sobrevivientes que hablan con sus futuros pacientes sobre su éxito. Podrías cuando menos hacer eso al probar a un nuevo peluquero.

La recuperación de un trauma es un proceso —la primera parte del cual es construir una relación segura con tu terapeuta—. Solo cuando *te sientes* suficientemente seguro para entrar a los cuartos de tu cabeza con la calavera y unas tibias cruzadas y el letrero de FUERA en la puerta, ingresas. Igualmente, te mueves a un paso que puedes manejar. No importa el paso de nadie más. Piensa en un entrenador profesional que se ejercita durante cuatro horas al día. Tu paso, no el de él. Sara trabajó rápidamente. Decidió al cabo de solo un par de sesiones que ella podía decirme cualquier cosa y todo. No se guardó nada del recuento traumático.

1. Recordar

Recordar, el primero de los cinco pasos requiere un retorno completo al trauma —recuerda la palabra «aceptar» la realidad del trauma en vez de evitarlo, minimizarlo o negarlo.

Cada detalle del recuerdo traumático debe incluirse porque el poder está en los detalles. Los sobrevivientes de un trauma han tenido que regresar a «la escena del crimen», por así decir, porque omitieron detalles importantes en los que se sintieron muy asustados, sorprendidos, tristes y/o heridos. A Sara no le gustaba hablar de los guantes o de la máscara porque le agregaban un componente «escalofriante» a la historia.

Si, como en el caso de los sobrevivientes de abuso sexual infantil, hay muchos recuentos y traumas que compartir, cada recuento tiene poder y debe ser revisitado y trabajado hasta su conclusión. Sanar un recuento de muchos es muy buena manera de empezar, pero es solo eso. Las historias normalmente afloran una a la vez, como si fueran dulces o tazas en un expendedor. Un recuerdo se despliega y se comparte hasta su conclusión y entonces aparece el siguiente, generalmente sin provocación de parte del paciente ni del terapeuta. Sara tenía solo un trauma —aunque uno horroroso— que vencer, pero para hacerlo tenía que recordar todos los aspectos del mismo.

2. Sentir

El segundo de los cinco pasos para sanar es sentir. Los terapeutas deberían desconfiar de las personas que pueden hablar de su trauma de memoria y con los ojos secos y carentes de emoción. El TEPT nace del trauma *emocional*. Incluso en los casos en los que no hay peligro físico, como en la traición, el abandono o en las caricias, tu trauma emocional simplemente no sanará sin sentir las emociones originales, especialmente miedo y dolor —hasta un grado máximo—. Eludir los sentimientos equivale a negarlos; se convierte en una historia lejana que puedes contar repetidamente sin resolución porque nunca te permites a ti mismo la necesaria exposición a los sentimientos. La herramienta eléctrica de la exposición deliberada requiere que enfrentes tu mayor miedo, experimentes las sensaciones y no recurras a tu conducta autodestructiva (beber, *cutting,*[74] rituales obsesivos, Facebook interminable). Ustedes, combatientes veteranos, tampoco se excluyen; sus síntomas de TEPT no desaparecerán si juran nunca contar su historia y nunca derramar una lágrima. Su rudeza tiene que ponerse de manifiesto, no huyendo de los horrores del combate, sino permitiéndose a ustedes mismos sentir todas sus emociones. Y entonces, cuando las experimenten, deben expresarlas.

3. Expresar

Las emociones que se sienten pero no se expresan se atascan en el purgatorio psicológico —requieren un empujoncito para llegar a la tierra prometida—. Sara escribió extensamente en un diario —otra excelente herramienta para jardín—, pero incluso eso no fue suficiente. Necesitaba compartir sus pensamientos y sentimientos conmigo. Las lágrimas que los pacientes aborrecen expresar son el preciso vehículo que los transporta de la oscuridad a sanar absolutamente todo. Sara se permitió a sí misma meterse de lleno en su trauma emocional, en el horror abyecto de un hombre enmascarado que la apuñalaba y la apuñalaba en un intento por acabar con su vida.

Pero sus expresiones no terminaban ahí; tenía que decirme cómo se sintió cuando descubrió que no tenía su celular, que necesitaba arrastrarse por el piso hasta el baño temiendo que él

---

[74] *El cutting o self-injury* consiste en cortarse la piel con una navaja u objeto afilado para dejar marcas, o tatuajes, principalmente en brazos y muñecas. (*N. de la T.*)

pudiera regresar, y después decirme cómo se sintió cuando más tarde supo que el perpetrador era en efecto su novio (trata de imaginar cómo sería eso, aunque sea por un minuto).

Todas las emociones deben expresarse. Una caja de pañuelos es esencial durante el relato porque desatar el recuerdo es volcarse en él y vaciar un depósito muy profundo de dolor emocional que es la esencia misma de los síntomas del arriba mencionado TEPT.

Se olvida que es importante que los sobrevivientes puedan necesitar que se les incite a expresarse: con frecuencia, después de un abuso sexual infantil o de un ataque físico hay una advertencia del perpetrador al sobreviviente. «Nunca le digas a nadie lo que pasó aquí hoy, o...». A menudo las amenazas son tan viles como la ofensa y todo ello promueve los síntomas del trauma y el ocultamiento que con frecuencia le sigue. Pero ahora tienes un terapeuta y necesitas contar la historia con detalle. Cada maldito pedazo de ella.

4. Liberar

La expresión de la emoción es curativa si esta se libera. Es decir, se deja ir. Llorar por la muerte de tus seres queridos proporciona alivio en el momento, pero para alcanzar una paz genuina sobre esa pérdida tu ser querido debe ser liberado. Debes aceptar que él o ella se fue y no volverá y que de alguna manera eso está bien. Fácil de decir pero terriblemente doloroso de hacer.

La liberación de Sara consistía en soltar el horrible trauma para que ya no tuviera necesidad de verlo, sentirlo o revivirlo. Pero había más que liberar: tenía que soltar su sospecha protectora y la hipervigilancia a las que se aludió anteriormente. Es decir, necesitaba «responderse a sí misma» cuando quería decir: «No se puede confiar en ningún hombre, te engañarán y al final tratarán de matarte». En realidad, para confiar en Sean (el nuevo hombre) ella necesitó liberarse del perpetrador y colocarlo en la categoría de un hombre enfermo, demente, pero no de todos los hombres, o por supuesto nunca habría permitido que otro se le acercara.

Ahí es donde la herramienta eléctrica de las imágenes guiadas es tan útil. Regresé a Sara a la escena —desde un asiento en un cine imaginario ella era testigo, una vez más, del horrible ataque—. Se le instruyó para que terminara cada aspecto del incidente en la pantalla y que al final entrara a la película para asistirse a sí misma, proporcionando amor, apoyo y esperanza a la caída Sara.

Pero incluso eso no fue suficiente: Sara necesitaba hablar directamente con el perpetrador, por última vez, para expresar y liberar todo el dolor y la rabia que tenía desde la noche del ataque. ¿Por qué no guardarlos? Porque el resentimiento y el odio son toxinas, venenos que solo servirían para contaminar la vida de Sara y todas sus relaciones futuras. Liberar a su atacante era echarlo del asiento del conductor de su vida y reducirlo a una pequeña parte en la película. A fin de cuentas, el objetivo era tomar la peor escena de su vida y transformarla en el ímpetu que impulsara los mejores cambios que Sara pudiera hacer. Ahora Sara es más saludable que antes del incidente, no a causa del ataque, sino por el trabajo que llevó a cabo después para sanar y crecer.

5. Piensa diferente

Vive tus convicciones y podrás cambiar el mundo.
Henry David Thoreau

Permíteme empezar la quinta etapa afirmando que esta no es en absoluto la quinta y última aseveración, sino que es una parte de cada etapa desde el momento en que empieza la terapia hasta el último día de la vida. Pensar de manera diferente incorpora cada herramienta cognitiva explicada en los capítulos 4 y 5, desde foco = energía hasta la reestructuración cognitiva. Debes pensar bien para estar bien.

¿Recuerdas que inversión más amenaza = ansiedad? Sara sabía que sanar significaba liberarse de la idea de amenaza que no correspondía a ningún aspecto de su vida, a las calles de su ciudad, a su departamento y al aniversario del ataque. Sara necesitaba reemplazar los pensamientos basados en el miedo con otros más realistas: «Sean no es un perpetrador; no hay magia en una cierta fecha del calendario; mi vecindario es seguro; puedo volver a amar sin temer un ataque; soy fuerte y puedo manejar cualquier cosa que la vida me depare; soy una sobreviviente y una vencedora».

La necesidad de pensar diferente permea todos los aspectos de la vida de cualquier sobreviviente. El solo hecho de escuchar al terapeuta decir: «No es tu culpa», es un inmenso aporte. (Por supuesto que no es suficiente, porque las otras cuatro etapas son esenciales para la curación). También lo son otras «redefiniciones» cognitivas que incluyen: «Puedo hacer esto; puedo escoger la actitud que yo quiero; una persona loca/enferma no va a escribir el guion de mi vida; puedo encontrar significado en mi sufrimiento y en mi trauma; aprenderé de esto y utilizaré mi aprendizaje para ayudar a otros; tengo suficiente amor y apoyo en mi vida; soy valiente y capaz de sanar…». Añade tus propias afirmaciones.

De manera importante siempre cree que, por sobre todo, hay esperanza, y con la esperanza, curación.

De acuerdo con la investigación, es más probable que sufras síntomas de TEPT por un trauma provocado por humanos (incesto) que por causas naturales (un huracán). ¿La causa más común de TEPT? Los accidentes automovilísticos.[75]

---

[75] Blanchard, E. y E. Hickling. *After the Crash: Psychological Assessment and Treatment of Survivors of Motor Vehicle Accidents*, Washington, DC, American Psychological

Mensajes para llevar a casa

1. El TEPT es el resultado de una experiencia traumática a la que sobrevives pero hace que la vida nunca vuelva a ser la misma.
2. Volver a experimentar el trauma de manera invasiva, o trozos o pedazos del mismo, define el primer grupo de síntomas.
3. Evitar situaciones o circunstancias que pueden evocar recuerdos del evento traumático define el segundo grupo de síntomas.
4. Estar hipervigilante o sintiéndose siempre en el borde define el tercer grupo de síntomas del TEPT. Debido a que las conductas asociadas a este grupo conducen a sentir un aumento en la seguridad, este puede ser el grupo de síntomas más difícil de superar.
5. El tiempo solo transcurre. Sanar es un proceso activo que requiere recordar, sentir, expresar, liberar y pensar diferente.

Association, 2003, segunda edición.

Ejercicios

1. Rastrear tus experiencias relacionadas con síntomas de TEPT puede ser útil para ti y tu terapeuta. Los puntos a anotar incluyen el evento que parece haber sido el detonante, el sentimiento emocional y su intensidad, lo que pudiste creer automáticamente sobre el evento y lo que crees sobre el evento al verlo a la distancia. Si no estás experimentando muchos desencadenantes, este ejercicio también es efectivo empleando las imágenes invasivas que sufriste en el pasado.

2. Practica con las herramientas del Capítulo 4 —especialmente aquellas relacionadas con la respiración y *mindfulness*—. Ser capaz de disminuir tu nivel de ansiedad a voluntad con tu respiración es una herramienta sorprendentemente poderosa y te será útil no solo para el proceso terapéutico sino para siempre. También, verás que las meditaciones *mindfulness* que te conectan con la tierra, son presentes y tangibles, son especialmente útiles ya que te ofrecen una forma inmediata de estar consciente del momento presente, de los olores que te rodean, la textura de tus pants, los sonidos tranquilizantes (idealmente) de la naturaleza que apaciblemente te proporciona música de fondo para el momento, y cualquier otra cosa que puedas percibir con todos tus sentidos aquí y ahora.

Conclusión

Estás solo. Y sabes lo que sabes
y eres el único que decidirá adónde ir.
Dr. Seuss

Cuando era niño teníamos la tradición en mi familia de decorar cada año un árbol de Navidad artificial con las ramas torcidas y unas poco convincentes agujas de pino. También preparábamos chocolate muy caliente con una variedad de galletas de Navidad antes de reunirnos para ver los especiales navideños que incluían *Charlie Brown*, *El Grinch*, y mi favorita, *Rudolph, el reno de la nariz roja*.

Los dibujos animados de *Rudolph* presentaban al «Abominable Hombre de las Nieves» con características de las pesadillas infantiles: colmillos, garras y anhelo de destrucción. Y nos sentíamos aliviados cuando Hermie, el elfo, que era un prófugo de una escuela dental, despojaba de sus colmillos y sus garras a la bestia. La reconfortante transición culminaba en que el Abominable se convertía en un dulce gigante y célebremente colocaba el ángel en la punta del inmenso árbol de Navidad.

Como psicólogo veo que esta historia se repite en las vidas de mis pacientes. Por ejemplo, la siniestra madrastra de tus pesadillas infantiles, los colmillos y garras amenazantes y los insultos que debilitan, amagan una vez más con destruir tu confianza de joven. En su lugar, estableces una frontera la primera vez y te rehúsas a ser dominado y controlado. La madre abusiva ha perdido por fin su poder de evocar los espantosos sentimientos de ansiedad que representaban la desconfianza en ti mismo y el miedo al fracaso.

La ansiedad es derrotada (o por lo menos bien manejada) todos los días por gente valiente en todas partes: puedes abandonar la clase que requiere la presentación y en su lugar practicas horas frente al espejo, frente a tu madre, tu gato (hasta que Muffy también puede hacer la presentación), ¡y después lanzas la pelota fuera del parque!

Tal vez tu esposo se fue para siempre esta vez y, francamente, quizá sea lo mejor después de todos los engaños, la bebida y la violencia. Alguna vez consideraste el suicidio, ¿pero cómo puede esa ser una alternativa cuando ves esas preciosas caritas gemelas de cinco años que dependen tanto de ti? Sabes que no eres la primera madre soltera que se atreve a salir. Decides que esas niñas merecen lo mejor de ti, así que transformas tu ansiedad en pasión: trabajas, recoges a tus niñas, hacen la tarea y cantan juntas. Y después de que les lees *I Love You, Stinky Face*, reúnes la fuerza para tomar clases en línea hasta desfallecer. Tus hijas tienen un ejemplo a imitar en la vida. Eres tú, la madre aterrada que no sucumbirá a su ansiedad.

¿Eres el tipo con párkinson que continúa jugando golf incluso con temblores debilitantes? ¿La sobreviviente de cáncer de mama que orgullosamente se rasura la cabeza cuando se le cae el pelo? ¿El viudo que continúa haciendo trabajo voluntario para personas con síndrome de Down?

La ansiedad es una fuerza vital con la que se debe contar. Su voz hace eco en tu mente repitiendo frases como «Nunca lo vas a lograr», «No eres lo suficientemente inteligente, alto, bonita, hábil, bueno, blanco». Puedes prestarle oídos si tú quieres. Puedes darte por vencido, salirte, ahogar tu ansiedad, drogar tu pánico y retirarte a una vida segura, confortable y sin desafíos. Puedes pasar tu tiempo observando a otras personas vivir sus vidas en la televisión e internet, porque tú no tienes una vida que vivir.

Pero tengo un desafío para ti. Qué tal si empiezas a practicar baile, macramé, esquí acuático, softball, te unes a un club de servicio, escribes tus memorias, te das un masaje, consigues una licencia para dar masajes, consigues un tándem (y a alguien que monte contigo), un kayak (y después a alguien con quien remar), aprendes a tocar un instrumento, entregas comida a personas que están enclaustradas, tomas clases de comedia y después te presentas en una «noche de micrófono abierto», visitas un asilo de ancianos con tu guitarra, haces sopa para una persona enferma, practicas *mindfulness* hasta que no haya mañana, consigues un buen terapeuta y empiezas a recuperarte de esa violación, divorcio, abusos, aprendes a nadar, enseñas a un niño a nadar, te inscribes en un gimnasio, corres un maratón, aprendes surf, y aceptas todo lo que no puedes cambiar, arreglar o controlar.

La ansiedad es una energía. Aprende a utilizarla para hacer del mundo un lugar mejor. Porque, al final, la bestia no tiene más colmillos que los que tú le permites tener.

Bibliografía

Abramowitz, J. et al., «The Effectiveness of Treatment for Pediatric Obsessive-Compulsive Disorder: A Meta-Analysis», *Behavior Therapy* 36 (2005): 55-63.

«Anxiety Disorders», Behavioral Medicine Associates Comprehensive Modern Mental Health Services. *www.bmawellness.com/psychiatry/anxiety_disorders.html*

Aubele, T., S. Wenck, and S. Reynolds, *Train Your Brain to Get Happy.* Avon, Mass.: Adams Media, 2011.

Barker, S. and K. Dawson, «The effects of animal-assisted therapy on anxiety ratings of hospitalized psychiatric patients», Psychiatric Services (1998). http://journals.psychiatryonline.org/article.aspx?articleid=81469

Benson, H., M.Z. Klipper. *The Relaxation Response*. New York: William Morrow and Company, 1975.

Blanchard, E. and E. Hickling. After the Crash: *Psychological Assessment and Treatment of Survivors of Motor Vehicle Accidents* (second ed.). Washington, D.C.: American Psychological Association, 2003.

Brown, Timothy A., Laura A. Campbell, Cassandra L. Lehman, Jessica R. Grisham, and Richard B. Mancill. «Current and Lifetime Comorbidity of the DSM-IV Anxiety and Mood Disorders in a Large Clinical Sample», *Journal of Abnormal Psychology,* 110 no. 4 (2001): 585-599.

Burdick, D. *Mindfulness Skills Workbook for Clinicians and Clients.* Eau Claire, Wis.: PESI Publishing and Media, 2013.

Burke, P., Meyer, S. Kocoshis, D. Orenstein, R. Chandra, D. Nord, J. Sauer, and E. Cohen «Depression and anxiety in pediatric inflammatory bowel disease and cystic fibrosis», *Journal of the American Academy of Child & Adolescent Psychiatry,* 28 no. 6 (1989): 948-951.

Burns, J., R. Lee and L. Brown, «The effect of meditation on self-reported measures of stress, anxiety, depression, and perfectionism in college population», *Journal of College Student Psychoteraphy* 25 (2011): 132-144.

Buscaglia, L. *Living Loving and Learning.* New York: The Ballentine Publishing Group, 1982.

Carlson, R. *Don't Sweat the Small Stuff… and It's All Small Stuff.* New York: Hyperion, 1997.

Chansky, T. *Freeing Your Child From Obsessive-Compulsive Disorder.* New York: Three Rivers Press, 2000.

Cloud, H. and J. Towsend. *Boundaries: When to Say Yes, How to Say No, to Take Control of Your Life.* Grand Rapids, Mich.: Zondervan Publishing, 1992.

Compton, W.M., Y.F. Thomas, F.S. Stinson, B.F. Grant, «Prevalence, correlates, disability and comorbidity of DSM-IV drug abuse and dependence in the United States: results from The National Epidemiologic Survey on Alcohol and Related Conditions». *Archives of General Psychiatry,* 64 no. 5 (2007): 566-576.

Cortman, C. and H. Shinitzky, *Your Mind: An Owner's Manual for a Better Life.* Franklin Lakes, N.J.: The Career Press, Inc., 2010.

Cottraux, J. «Nonpharmacological treatments for anxiety disorders», *Dialogues in Clinical Neuroscience,* 4 no. 3 (2002).

Creswell, J., L. Pacilio, E. Lindsay, K. Brown, «Brief mindfulness meditation training alters psychological and neuroendocrine responses to social evaluative stress», *Psychneuroendocrinology* 44 (2014): 1-12.

Diagnostic and statistical of mental disorders (5th ed.). Arlington, Va.: American Psychiatric Publishing, 2013.

Doehrmann, O., S.S. Ghosh, F.E Polli, G.O. Reynolds, F. Horn, A. Keshavan, C. Triantafyllou, Z.M. Saying, S. Whitefield-Gabrieli, S.G. Hofmann, M. Pollack, J.D Gabrieli, «Predicting Treatment Response in Social Anxiety Disorder from Functional Magnetic Resonance Imaging». JAMA *Psychiatry* 70 (2013): 87-97.

Dyer, W. *The Power of Intention: Learning to Co-Create Your World Your Way.* New York: Hay House, Inc., 2010.

Emerson, R.W. *The Selected Writings of Ralph Waldo Emerson.* New York: The Penguin Group, 1965.

Emery, G., and J. Campbell. *Rapid relief from Emotional Distress.* New York: Random House Publishing Group, 1987.

«Exercising to relax», February 2011. Harvard Men's Health Watch. *www. health.harvard. edu/newsletters/Harvard_Mens_Health_Watch/2011/February/exercising-to-relax* [¿quién escribió esto?]

Fauci, Anthony S., *et al. Harrison's Principles of Internal Medicine, 17th. ed.* New York: McGraw-Hill Professional, 2008.

Frank, C. «How Is 'Normal' Anxiety Different From An 'Axiety Disorder'?». http://abcnews.go.com/Heallth/AnxietyOverview/story?id=4659631. Noviembre 20,2008

Frankl, Viktor E. *Man's Search for Meaning.* New York: Beacon Press, 2006.

Fremont, W. «School refusal in children and adolescents». *American Family Physician*, 68 no. 8 (2003).

Gracia, Palacios, *et al.* «Comparing Acceptance and Refusal Rates of Virtual Reality Exposure *vs.* In-Vivo Exposure by Patients with Specific Phobias». *Cyberpsychology and Behavior* 10 (2007): 722-724.

Guel, D., A. Bennazzouz, B. Aouizerate, E. Cuny, J. Rotge, A. Rougier, J. Tignol, B. Bioular, and P. Burband. «Neuronal Correlates of obsessions in the caudate nucleus», *Biological Psychiatry,* 63 (2008): 557-562,

Gunaratana, B. *Eight Mindful Steps to Happiness: Walking the Buddha's Path.* Sommerville, Mass: Wisdom Publications, 2001

Harrington, A. *The Cure Within.* New York: W.W. Norton & Company, Inc., 2008.

Hazlett-Stevens, H. *Psychological Approaches to Generalized Anxiety Disorder.* Springer eBooks, 2008.

Hofmann, S, A. Sawyer, A. Witt, and D. Oh. «The effect of mindfulness-based therapy on anxiety and depression: A meta-analytic review», *Journal of Consulting Clinical Psychology,* 78 no. 2 (2010): 169-183.

Holmes, T. and R. Rahe. «The social readjustment rating scale», *Journal of Psychosomatic Research* 11 no. 2 (1967): 213-21.

Jacobson, E. *Progressive Relaxation.* Chicago: University of Chicago Press, 1938.

James, W. *The Principles of Psychology* 2 (1890): 449-50.

Kanamori, M., M. Suzuki, K. Yakamoto, M. Kanda, E. Kojima, H. Fukawa, T. Sugita, T. H. Oshiro. «A day care program and evaluation of animal-assisted therapy (AAT) for the elderly with senile dementia», *American Journal of Alzheimer's Disease and Other Dementias,* 16 no. 4 (2001): 234-239.

Kendler, K.S., T.J. Gallagher, J.M. Abelson, and RC. Kessler. «Lifetime prevalence, demographic risk factors, and diagnostic validity of nonaffective psychosis as assessed in a US community sample», *Archive of General Psychiatry* 53 (1996): 1022-1031.

Kessler, R., A. Ruscio, K. Shear, H. Wittchen. «Epidemiology of anxiety disorders», *Current Topics in Behavioral Neurosciences,* 2 (2010): 21-35.

Kim, M.J. and P.J. Whalen. «The Structural Integrity of an Amgydala-Prefrontal Pathway Predicts Trait Anxiety», *The Journal Neuroscience*, 29 no. 37 (2009).

King, David. Personal interview, 2014.

Kroenke, Kurt, MD; Robert L. Spitzer, MD, Janet B.W. Williams, DSW; Patrick O. Monahan, PhD; and Bernd Lowe, MD, PhD. «Anxiety Disorders in Primary Care: Prevalence, Impairment, Comorbidity and Detection», *Annals of Internal Medicine,* 146 no. 5 (2007): 317-325.

Kross, E. «Facebook Use Predicts Decline in Subjective Well-Being in Young Adults», PLoS One 8. doi: 10/1371/journal.pone.0069841

Lamers, F., P. van Oppen, *et al.* «Comorbidity patterns of anxiety and depressive disorders in a large cohort study: the Netherlands Study of Depression & Anxiety (NESDA)», *Journal of Clinical Psychiatry* 72 no. 3 (2011): 341-348.

Leahy, R. *The Worry Cure: Seven Steps to stop worry from Stopping You*. New York: Three Rivers Press, 2005.

Levitin, Dr. Daniel J., and Dr. Mona Lisa Chanda. «Discovered through a meta-analysis of 400 studies that... neuroscience of music at McGill University in Montreal». *Trends in Cognitive Sciences* (2013).

Loes, A. Marquenie, Annemiek Schade, Anton J.L.M van Balkom, Hannie C. Comjis, Ron de Graaf, Wilma Volleberg, Richard van Dyck, Wilm van den Brink. «Origin of the Comorbidity of Anxiety Disorders and Alcohol Dependence: Finding of a General Population Study», *European Addiction Research* (2007): 39-49.

Lydiard, R. «Worried Sick: Antidepressants as Anti-Inflammatory Agents», *PsychEd Up* 1 (2005):12.

Mayoclinic.com «Depression and Anxiety: Exercise Eases Symptoms», *www.mayoclinic.org/diseases-conditions/depression/in-depth/depression-and-exercise/art-20046495*, 2008.

Mcllvanie, Tammy. Massage and Anxiety, Personal correspondence, Junio 12, 2014.

«Mental Health and Substance Abuse-Related Emergency Department Visits Among Adults», *AHRQ-HCUP Statistical Brief* 92 (2007).

Meyer, V. «Modification of expectation in cases with obsessional rituals», *Behaviour Research and Therapy,* 4, 273-280, 1966.

Murphy S.L., Xu J.Q, and K.D Kochanek. «Deaths: Final Data for 2010». *National Vital Statistics Report,* 61 (2013).

Nadeau, J. and E. Storch. *Effective Managements of OCD: Findings and Recommendations.* 2014.

Nadeem, M., A. Ali, S. Maqbool, and S. Zaidi. «Impact of anxiety on the academic achievement of students having different mental abilities at university level in Bahawalpur (Southhern Punjab) Pakistan», *International Online Journal of Educational Sciences,* 4 no. 3 (2012): 519-528.

National Institute for Clinical Excellence. (2004). Management of anxiety in adults in primary, secondary and community care: Clinical Guideline 22. London: National Institute for Clinical Excellence.

NIMH: *What Is Anxiety Disorder? www.nimh.nih.gov/health/topics/anxiety-disorders/index.shtml.*

Nitschke, J., J. Sarinopoulos, D. Oathes, T. Johnstone, P.: Whalen, T. Davidson, and N. Kalin. «Anticipatory activation in the amygdala and anterior cingulate in Generalized Anxiety Disorder and prediction of treatment response», *American Journal of Psychiatry,* 166 (2009): 302-310.

Ormel, J., M. VonKorff, T. Ustun, S. Pini, A. Korten, and T. Oldehinkel. «Common mental disorders and disability across culture», JAMA 272, no. 22 (1994): 1741-1748

Oz, M. *Yoga Unveiled: Evolution and Essence of a Spiritual Tradition* (DVD). Produced by Gita and Mukesh Desai, 2004.

Pagnini, F., G. Manzoni, G. Castelnuovo, and R. Molinari. «A brief literature review about relaxation therapy and anxiety», *Body Movement and Dance in Psychotherapy,* 8 no. 2 (2013): 71-81.

Park, Alice. «The Two Faces of Anxiety». *Time Magazine,* diciembre 5, 2011.

Parsons, T. and A. Rizzo. «Affective outcomes of virtual reality exposure therapy for anxiety and specific phobias: A meta-analysis», *Journal of Behavior Therapy and Experimental Psychiatry,* 39 (2008): 250-261.

Pennebaker, J., J. Kiecolt-Glaser, and R. Glaser. «Disclosure of traumas and immune function: Health implications for psychotherapy», *Journal of Consulting and Clinical Pshychology,* 56 no. 2 (1988): 239-245.

Perls, F., R. Hefferline, and P. Goodman. *Gestalt Theraphy: Excitement and Growth in the Human Personality.* Gouldsboro, Maine: The Gestalt Journal Press, Inc., 1994.

Polatin P.B., R.K. Kinney, R.J. Gatchel, *et al. Spine* 18 no. 1 (1993):66-71.

Richeson, PhD, CTRS, Nancy E.; Judith A. Spross, PhD, RN, FAAN; Katherine Lutz, FNP, RN; and Cheng Peng, PhD. «Effects of Reiki on Anxiety, Depression, Pain, and Physiological Factors in Community-Dwelling Older Adults», *Research in Gerontological Nursing,* 3 No. 3, (2010).

Reuterskiold, L. «Fears, Anxieties and Cognitive-Behavioral-Treatment of Specific Phobias in Youth», *Behaviour Research and Therapy* 27 (2009): 1-7.

Romto, Kathleen, and David Sproule. *Stress Management.* New York: Healthwise, Inc., 2013.

Sanchez-Meca, J., A. Rosa-Alcazar, F. Marin-Martínez, and A. Gomez-Conesa. «Psychological treatment of panic disorder with or without agoraphobia: A meta-analysis», *Clinical Psychology Review,* 30 (2010): 37-50.

Schlenger William PhD. «Long-Term Course PTSD Revealed». *Medscape. www.medscpare.com/viewarticle/829872*

Segal, S. and L. Cahill. «How Stress Hormones Promote Brain's Building of Negative Memories», *Science Daily* 23 (2014).

Seligman, M. *Learned Optimism.* New York: Knopf, 1990.

———— *What You Can Change And What You Can't: The Complete Guide to Successful Self-Improvement.* New York: Fawcett Books, 1993.

Seuss, Dr. *Oh, the Places You'll Go!* New York: Random House Children's Books, 1960.

Sladky, R., A. Hoflich, M. Kublbock, C. Kraus, P. Baldinger, E. Moser, R. Lanzenberger, and C. Windischberger. «Disrupted Effective Connectivity Between the Amygdala and Orbitofrontal Cortex in Social Anxiety Disorder During Emotion Discrimination Revealed by Dynamic Causal Modeling for fMRI», *Cerebral Cortex.* doi: 10.1093/cercor/bht279, 2013.

Smith, B., B. Shelley, J. Dalen, K. Wiggins, E. Tooley, and J. Bernard. «A pilot study comparing the effects of mindfulness-based and cognitive-behavioral stress reduction», *The Journal of Alternative and Complementary Medicine,* 14 no. 3 (2008): 251-258.

Snider, L. and S. Swedo. «Pediatric Obsessive-Compulsive Disorder», *The Journal of the American Medical Association,* 284 (2000): 3104-3106.

Sokolowska, E. and I. Hovatta. «Anxiety genetic-findings from cross-species genome-wide approach», *Biology of Mood Disorders,* 3 (2013): 9.

Stein, M., A. Simmons, J. Feinstein, and M. Paulus. «Increased amygdala and insula activation during emotion processing in an anxiety-prone subjects», *American Journal of Psychiatry,* 164 (2007):318-327.

Tolle, E. *The Power of Now: A Guide to Spiritual Enlightenment.* Novato, Calif.: New World Library, 2004.

Weil, A. *Natural Health, Natural Medicine: A Comprehensive Manual for Wellness and Self-Care.* New York: Houghton Mifflin Company, 1998.

Whitfield, C. «Adverse childhood experience and trauma», *American Journal of Preventive Medicine* 14 no. 4 (1998): 361-364.

Yapko, M. *Suggestions of Abuse.* New York: Simon & Schuster, 1994.

Yerkes, R.M., and J.D. Dodson. «The relation of strength of stimulus to rapidity of habit-formation», *Journal of Comparative Neurology and Psychology,* 18 (1908): 459-482.

Young, E., J. Abelson, and O. Cameron. «Effect of comorbid anxiety disorders on the hypothalamic-pituitary-adrenal axis response to a social stressor in major depression», *Biologic Psychiatry,* 56 (2004): 113-120.

Acerca de los autores

Dr. Christopher M. Cortman es psicólogo con licencia desde 1985, y a la fecha ha proporcionado más de 60,000 horas de psicoterapia. Por otro lado, ha dado consulta en varios hospitales locales, a cuerpos de seguridad y medios. El doctor Cortman, un popular conferencista, ha dado pláticas con Tipper Gore (2009), Jane Pauley (2011) y apareció con Patrick Kennedy en 2015. Es coautor de *Your Mind: An Owner's Manual for a Better Life* junto con el doctor Shinitzky. Ambos crearon «The Social Black Belt», un plan de estudios para la prevención y el bienestar para jóvenes basado en la evidencia. El doctor Cortman también apareció en Radio Disney y fue coanfitrión del programa de radio «Your Mind Matters». Es orgulloso padre de tres niños.

Dr. Harold Shinitzky. Perteneció al profesorado de la Escuela de Medicina de la Universidad Johns Hopkins. Ha sido psicólogo autorizado por más de 20 años. Se especializa en Psicología del Deporte y trabaja con atletas olímpicos y de diferentes asociaciones profesionales. Fue recipiendario del Premio Psicólogo Distinguido de la Asociación Psicológica de Florida, del Premio a Contribuciones Sobresalientes a la Psicología, y el Premio Martin Luther King, Jr. por Servicios a la Comunidad.

Es coautor de *Your Mind: An Owner's Manual for a Better Life*. Ambos autores han convertido este libro en un programa de estudios basado en la evidencia para la prevención de jóvenes titulado «The Social Black Belt». También participaron en el programa de radio «Your Mind Matters». El doctor Shinitzky ha sido corresponsal de Salud Mental para ABC en Tampa y Baltimore, el programa de Animal Planet *Fatal Attractions*, y contribuye frecuentemente con FOX y Radio Disney.

Dr. Laurie-Ann O'Connor. Tiene el doctorado en psicología clínica y de orientación, así como certificación posdoctoral como profesional en traumas. También es Entrenadora en Alfabetización Certificada. Los ensayos de la doctora O'Connor se han publicado en periódicos, medios especializados y revistas con arbitraje. Fue reconocida por la ONU como Oradora para el Año de la Familia. Cursó sus estudios en Canadá y Estados Unidos, y actualmente reside en Venice, Florida, donde trabaja en la práctica privada en asociación con el doctor Cortman. Recientemente fue decisiva para convertir The Social Black Belt de un experimento a un programa con base en la evidencia para el bienestar y prevención juveniles.

Índice